天安門城樓位於北京城的中心，城樓造型威嚴莊重、典雅、氣勢龐大，是中國古代最壯麗的城樓之一，其建築規模及技藝都堪稱世界第一。正陽門城樓處於古北京城的南北中軸線上，為古代北京城垣建築的代表之作。德勝門城樓位於北京城北垣西側，由城臺、箭樓、閘樓、甕城、真武廟和護城河等建築組成，是明清時京師通往塞北的重要門戶。

城樓古景

雄偉壯麗的古代城樓

邢建華 編著

崧燁文化

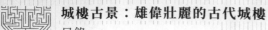

目錄

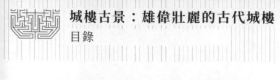

序言

文化是民族的血脈，是人民的精神家園。

文化是立國之根，最終體現在文化的發展繁榮。博大精深的中華優秀傳統文化是我們在世界文化激盪中站穩腳跟的根基。中華文化源遠流長，積澱著中華民族最深層的精神追求，代表著中華民族獨特的精神標識，為中華民族生生不息、發展壯大提供了豐厚滋養。我們要認識中華文化的獨特創造、價值理念、鮮明特色，增強文化自信和價值自信。

面對世界各國形形色色的文化現象，面對各種眼花撩亂的現代傳媒，要堅持文化自信，古為今用、洋為中用、推陳出新，有鑑別地加以對待，有揚棄地予以繼承，傳承和昇華中華優秀傳統文化，增強國家文化軟實力。

浩浩歷史長河，熊熊文明薪火，中華文化源遠流長，滾滾黃河、滔滔長江，是最直接源頭，這兩大文化浪濤經過千百年沖刷洗禮和不斷交流、融合以及沉澱，最終形成了求同存異、兼收並蓄的輝煌燦爛的中華文明，也是世界上唯一綿延不絕而從沒中斷的古老文化，並始終充滿了生機與活力。

中華文化曾是東方文化搖籃，也是推動世界文明不斷前行的動力之一。早在五百年前，中華文化的四大發明催生了歐洲文藝復興運動和地理大發現。中國四大發明先後傳到西方，對於促進西方工業社會發展和形成，曾造成了重要作用。

中華文化的力量，已經深深熔鑄到我們的生命力、創造力和凝聚力中，是我們民族的基因。中華民族的精神，也已深深植根於綿延數千年的優秀文化傳統之中，是我們的精神家園。

總之，中華文化博大精深，是中華各族人民五千年來創造、傳承下來的物質文明和精神文明的總和，其內容包羅萬象，浩若星漢，具有很強文化縱深，蘊含豐富寶藏。我們要實現中華文化偉大復興，首先要站在傳統文化前沿，薪火相傳，一脈相承，弘揚五千年來優秀的、光明的、先進的、科學的、文明的和自豪的文化現象，融合古今中外一切文化精華，構建具有中華文化

特色的現代民族文化，向世界和未來展示中華民族的文化力量、文化價值、文化形態與文化風采。

為此，在有關專家指導下，我們收集整理了大量古今資料和最新研究成果，特別編撰了本套大型書系。主要包括獨具特色的語言文字、浩如煙海的文化典籍、名揚世界的科技工藝、異彩紛呈的文學藝術、充滿智慧的中國哲學、完備而深刻的倫理道德、古風古韻的建築遺存、深具內涵的自然名勝、悠久傳承的歷史文明，還有各具特色又相互交融的地域文化和民族文化等，充分顯示了中華民族厚重文化底蘊和強大民族凝聚力，具有極強系統性、廣博性和規模性。

本套書系的特點是全景展現，縱橫捭闔，內容採取講故事的方式進行敘述，語言通俗，明白曉暢，圖文並茂，形象直觀，古風古韻，格調高雅，具有很強的可讀性、欣賞性、知識性和延伸性，能夠讓廣大讀者全面觸摸和感受中華文化的豐富內涵。

肖東發

承天之門──天安門城樓

天安門位於北京城的中心，故宮的南端，是明清兩代皇城的正門，也是封建帝王權力的象徵。

天安門始建於明朝，原名「承天門」，清朝時更名「天安門」。明清時期，天安門是皇城的正門，城門五闕，重樓九楹，取「九五」之數，象徵著皇帝的尊嚴。

天安門城樓氣勢宏大，莊重威嚴，是中國傳統建築藝術的代表作，它以傑出的建築成就和特殊的政治地位為世人所矚目。

明朝初年始建承天門

古代北京，歷來被風水學家稱為「山環水抱必有氣」的理想都城。其西部的西山為太行山脈；北部的軍都山為燕山山脈；南口為兵家要地。兩座山脈在北京的南口會合，形成向東南方展開的半圓形大山灣，環抱著北京平原。

風水，本為相地之術。相傳風水的創始人是九天玄女，比較完善的風水學問起源於戰國時期。風水的核心思想是人與大自然的和諧，早期的風水主

要關乎宮殿、住宅、村落，墓地的選址、座向、建設等方法及原則，原意是選擇合適的地方的一門學問。

北京平原的地勢由西北向東南微傾。桑乾河和洋河等相繼在此匯合成為永定河。所以，北京在地理格局上是「東臨遼碣，西依太行，北連朔漠，背扼軍都，南控中原」，特別有利於社會經濟的發展和策略的控制。

天安門城樓

北京，在唐代時為幽州，還為燕京，金代時為中都城，元代改為大都，明、清兩代稱北京。

在中國數千年的文明發展史上，先後有燕、前燕、大燕、遼、金、元、明和清八個朝代以北京為都城。各朝在北京大興土木，建造了各具特色的古建築，但最早對建築天安門有間接影響的是元朝。

公元一二六〇年，元世祖忽必烈即汗位於開平府，就是後來的內蒙古正藍旗東部。公元一二六四年，元世祖詔令以燕京作為中都，舊址就是後來的北京城西南部蓮花池以東一帶，公元一二六七年開始興建元大都，公元一二七二年他又改中都為元大都。大都興建歷時十八年之久，直至公元一二八五年才全部建成。

元大都又稱「大都」，為元朝國都。其城址位於後來的北京，北至元大都土城遺址，南至長安街，東西至二環路。元大都奠立了後來北京城的雛形，是當時世界最大的都市之一，元大都遺存建築有白塔寺、白雲觀、國子監、孔廟和建國門司天台等。

元大都當時的整體布局呈長方形，南牆位置在後來北京長安街南側，北牆位置在後來的德勝門和安定門以北的北三環路附近，那裡後來遺存有斷斷續續、被稱為「土城子」的土丘，就是元大都當時最早的北城牆。

天安門遠景

元大都從裡至外，分別是宮城、皇城和大城。大城周長六十華里，有十一個門。南面三門：正中為麗正門，就是後來的正陽門、東為文明門，西

為順承門；東面自南而北是齊化門、崇仁門和光熙門；西邊自南而北依次是平則門、和義門和肅清門；北面只有兩座城門，東為安貞門，西為德勝門。

元大都皇城的南門叫靈星門，在後來的午門一帶。靈星門與麗正門之間，曾有一個「T」形的半封閉式宮廷廣場，後來明清兩代的宮廷廣場就基本沿用其舊址，並在中間建造了天安門。元大都城牆四隅均有角樓，城外設有墩台，城內宮殿在前，坊市在後，五十個街坊星羅棋布。

墩台，指在古中國冷兵器時代，為加強城門的防禦能力，許多城市設有兩道以上的城門，形成「甕城」，城牆每隔一定的距離就突出矩形墩台，以利防守者從側面攻擊來襲敵人，這種墩台稱為敵台的城防設施，因外觀狹長如馬面俗稱為「馬面」。

當時，有一位名叫馬可波羅的義大利著名旅行家來到中國，看到「大汗之城」元大都富麗堂皇的宮殿和景色優美的花園後，大為讚嘆道：

「城是如此美麗，布置如此巧妙，我們竟描寫不出它了。」

他後來寫的《馬可波羅遊記》，因有大都城的記述，而使這座古城得以傳播，名揚世界。那時候，元朝雖未建造天安門，但它另擇新址的建築格局，以及元故宮和宮廷廣場的定位，使明朝得以建造天門。

公元一三六八年，明太祖朱元璋在南京稱帝，建立明朝。同時明朝大將徐達，統率軍隊攻克元大都，更名為北平。當時，明朝統治者對元大都故宮盡行拆除，以消除前王朝的「王氣」。

明太祖（公元一三二八年至一三九八年），即朱重八，後改名朱元璋，明朝的開國皇帝，是繼漢高祖劉邦以來第二位平民出身的封建帝王，他因體弱貧寒，曾入寺為僧。在位期間勵精圖治，發展經濟，提倡文教，使天下大治，被後世史學家稱之為「洪武之治」，他被尊稱為「明太祖」。

徐達（公元一三三二年至一三八五年），是中國明代開國軍事統帥。他從南略定遠跟隨明太祖朱元璋後，取和州，渡江、攻城拔寨，皆為軍鋒之冠，後為大將，統兵征戰，後為左相國，拜大將軍。洪武初累官中書右丞相，封魏國公，追封中山王。

天安門側景圖

後來，明太祖朱元璋的四子、燕王朱棣登上了皇帝的寶座，從此燕王就成了明成祖，並於公元一四〇三年正月將北平改稱北京，暫稱「行在」，就是皇帝在外時的行都。

明成祖朱棣就位後的第一件大事，就是決定把首都從南京遷到他的「龍興之地」北京。

據史料記載，明成祖朱棣之所以要遷都北京，主要原因是由於北京「左環滄海，右擁太行，南襟河濟，北枕居廟」，「關日不下百十」，「會通港運便利，天津通海運」的優越地理位置。此外，為了控制北方和東北地區，以維護全國的安定。

公元一四〇六年，明成祖朱棣分遣大臣赴各地督民採木，燒造磚瓦，並徵發各地工匠、軍士和民工，開始了營造北京的籌備工程。公元一四一七年，大規模營建北京的工程正式開始，當時，有個叫蒯祥的工匠，同大批能工巧匠一起被明朝選入京師。

紫禁城圍牆

蒯祥是江蘇蘇州府吳縣香山人，他生於明初洪武年間，他的父親是當時很有名望的一位工匠。蒯祥深受父親的影響，他三十多歲就「能主大營繕」，是位造詣很高的木匠。由於他技藝超群，充分發揮出建築技藝和設計才能，很受督工，就是建築師蔡信等人的重用。

■天安門

在北京宮殿的營建中，先後湧現出許多著名的工匠。除工於設計的督工蔡信、瓦工出身而官至工部侍郎的楊青外，還有與蒯祥同時代的著名雕刻石匠陸祥等。

工部侍郎，中國古代官職名，明代正三品，清代從二品。工部為管理全國工程事務的機關，凡全國之土木、水利工程，機器製造工程，礦冶、紡織等官辦工業無不綜理，並主管一部分金融貨幣和統一度量衡。工部置尚書一人，總管本部政務，下有左右侍郎，為尚書之副。

尚書，古代官名。戰國時稱「掌書」，齊、秦均置。秦屬少府，秩六百石，為低級官員，在殿中主發布文書。秦及漢初與尚冠、尚衣、尚食、尚浴、尚席，稱「六尚」。武帝時，選拔尚書、中書、侍中組成「中朝」或稱內朝，成為實際上的中央決策機關，因係近臣，地位漸高。

在宮殿初建階段，蔡、楊二人起了很大作用，但他們當時都年事已高，而蒯祥正值年輕力壯，又工於計算和繪畫，在蔡信、楊青去世後，大量的皇家工程便都由蒯祥主持。

蒯祥不僅對木工技術純熟，還有很高的藝術天賦和審美意識。據記載，蒯祥能以雙手握筆同時畫龍，合二為一，一模一樣，技藝已達爐火純青。

營建宮殿樓閣時，他只略加計算，便畫出設計圖來，待工程完畢後，建築與設計圖大小尺寸分毫不差，就連當時的皇帝也很敬重他。

在建築北京的過程中，蒯祥不論在用料、施工等方面都精心籌劃，建造的榫卯骨架都結合得十分準確、牢固，同時，他還將江南的建築藝術巧妙地運用，如採用蘇州彩畫、琉璃金磚，使殿堂樓閣顯得富麗堂皇。

彩畫，原是為木結構防潮、防腐、防蛀，主要用於古老的梁架，玉白的石壇，赤紅的門窗和金黃的琉璃瓦。宋代以後，彩畫已成為宮殿不可缺少的裝飾藝術，是中國古代建築裝飾中最突出的特點之一。它以獨特的風格、物有的製作技術及富麗堂皇的裝飾藝術效果，成為中國建築藝術的精華載入史冊。

琉璃，又稱流離，是中國傳統建築中的重要裝飾構件，通常用於宮殿、廟宇、陵寢等重要建築；也是藝術裝飾的一種帶色陶器。琉璃被譽為中國五大名器之首、佛家七寶之一。

　　公元一四二〇年，皇宮才落成，蒯祥便因功被提升為了工部營繕所丞。

　　明代北京城是在元大都城基礎上，吸取歷代都城規劃的優點，又參照南京規制營建而成。「凡廟社、郊祀、壇場、宮殿、門闕，規制悉如南京」。

　　門闕，是中國古代的塔樓狀建築，置於道路兩旁，作為城市、宮殿、壇廟、關隘、官署、陵墓等入口的標誌。外觀大體分為闕座、闕身與闕簷三部分。闕身依數量有單出、雙出與三出，形體多帶有較大收分。闕簷有一、二、三層之別。簷下多以斜撐或斗栱支承，又是重點裝飾所在。

　　實際上，北京新建的宮殿比南京的更加壯麗。它外城包著內城南面，內城裹著皇城，皇城又包著紫禁城，全城呈現一「凸」字形。

　　北京內城基本上取元大都舊址，明初北牆向南移五里，至今德勝門、安定門一線，後又將南城牆向前推移到後來的正陽門一線。

　　內城有九門，正南為正陽門，就是元代的麗正門；在內城中央，共有六門：東有東安，西為西安，北為北安，廣場南則為大明門，承天門左為長安左門，右為長安右門。

北京宮城又稱紫禁城，是北京城的核心，共有四門：南為午門，北為玄武門，東為東華門，西為西華門。由於南城牆向南拓展，皇城與紫禁城也依次南移，皇城南移到後來的長安街北側。

紫禁城太和殿

皇城的中門，根據明南京城的名稱改稱承天門，就是後來的天安門，在承天門內仿照南京城布局建造端門。

明代宮城南移到後來的北京故宮的位置，正門由元代的靈星門改稱午門，在營建紫禁城的同時，又利用午門前方的中心御道左右兩側，按「左祖右社」規制建造了太廟和社稷壇兩組嚴格對稱的建築群。

此外，在承天門前開闢一個「T」字形的宮廷廣場，廣場東、西、南都修築了宮牆，使廣場封閉起來，並在東、西兩翼和南端凸出的一面，各開一門，即長安左門、長安右門和正南方的大明門，就是後來清朝改稱的大清門。

承天門屬皇城中的重要建築，建造時完全模仿南京的承天門，是紫禁城的正門，也是北京最早的天安門。它在公元一四二〇年建成時的形狀與後來的天安門大致相仿，但其規模較小，只是一座黃瓦飛簷的三層樓式的五座木牌坊，朱漆金釘，光彩奪目。

■ 天安門

承天門城樓的牌坊正中高懸「承天之門」木質匾額，寓有「承天啟運」和「受命於天」之意，喻示封建皇帝是「受命於天」的，替天行使權力，理應萬世為尊。

【閱讀連結】

相傳，明太祖朱元璋創建明朝以後，為了國防安全，也曾考慮日後遷都北京。於是，他詔命明代著名開國謀士劉伯溫去北京規劃紫禁城。

劉伯溫（公元一三一一年至一三七五年），即劉基，元末明初傑出的軍事家、政治家及文學家，通經史、曉天文、精兵法。他以輔佐明太祖朱元璋完成帝業、開創大明江山而馳名天下，被後人比作「諸葛武侯」。在文學史上，劉基與宋濂、高啟並稱「明初詩文三大家」。

據說，劉伯溫一時沒想好，與手下四處看風水。一天忽見，一個身穿紅褲紅襖的小男孩跑過，一眨眼就不見了。劉伯溫覺得那個小孩很像哪吒，他的形象幾乎跟後來的北京城一致。

劉伯溫突然醒悟：上天啟示，要把北京城造成八臂哪吒的模樣。但事實上，明太祖還未來得及動工，他便去世了。直至明成祖朱棣即位後，紫禁城才開始大規模的修建。

▋中軸線上的皇城正門

明代的北京城由一條長達八公里的中軸線縱貫南北。外城南面正中的永定門是中軸線的起點,終點在皇城北門外的鐘、鼓樓。

全城最宏大的建築和空間都安排在這條軸線上,其他各建築物也都依這條軸線作有機的布置和配合,且左右對稱,整個設計和布局形成一個完整和諧、前所未有的巨大建築群。

■天安門內的紫禁城

「無以壯麗,尤以重威」。作為皇城正門的承天門就座落在這條中軸線的中段上。從中軸線上宮城與皇城的建築布局,可以看出承天門所具有的重要地位。這一切的設計布局,以及由此構成的宏偉建築和空間,烘托出封建帝王至高無上的威嚴。

厚重的宮門

　　承天門雖是皇城的正門，但它與紫禁城的建築是融為一體的。為了增加紫禁城前肅穆、深透的莊嚴氣氛，設計者將紫禁城與正陽門的距離拉長了一點五公里之遙，在其間興建了大明門、承天門和端門等建築，一方面給紫禁城增加了意境的序幕，更主要的是為了符合《禮記》所載的三朝五門之制。

　　所謂「五門」，一般認為五門就是皋門、雉門、庫門、應門、路門五門。三朝的稱謂隨時代而變遷。具體位置及名稱因朝代不同而有所區別。如清朝的三朝五門中的三朝，對應三殿，包括太和殿、中和殿和保和殿。五門是指大清門、天安門、端門、午門和太和門。

　　從高聳的正陽門進大明門後，開始步入帝王的統治中心，建築物的節奏也隨之有了變化。但見漫長、幽深的中心御路縱長伸遠至森嚴、神祕的內宮，御路兩旁通脊聯簷的千步廊及兩側文東武西對稱排列著的五府六部等中央官署，構成了一個錯落有致的空間，使人目不斜視地直往天安門遙望。

　　金水橋前，寬闊的「T」字形廣場給人以豁然開朗的感覺。朱紅城台的背景前，五座精美的漢白玉石橋與金水橋兩岸的欄牆，遠遠望去彷彿線繞著一片白雲，承托著宏偉壯麗的皇城正門承天門。

漢白玉，是一種名貴的建築材料，是大理石的一種，因其質地潔白無瑕，似玉非玉，自漢朝以來就被用於高規格的建築裝飾、雕刻等，故而得名「漢白玉」。其主要產地為四川寶興，北京房山和河北保定。

承天門往北則端門之間僅一百四十公尺，兩旁工整一致的平排朝房，與天安門、端門兩個高大建築相比顯得相形見絀；東有陶左門，西有闕右門，按照「左祖右社」的規制，在承天門東側建有祭祀祖先的太廟建築群，西側有一組祭祀土地、五穀神的社稷壇建築群。

朝房，是中國古代的建築，御路兩側東西相向、用於古代官吏上朝前休息的房子，如紫禁城中午門廣場兩旁的房子就是朝房。朝房也指清代帝王陵墓的建築配置之一，東西各一座，各五間。東朝房是在祭祀時做麵點的場所，西朝房是燒製奶茶的場所。

午門以內，驟然出現一個廣闊的庭院，前面橫亙著內金水河，它與太和門、太和殿、中和殿、保和殿的群體建築，構成了一個龐大而宏偉的宮廷建築群。

紫禁城角樓

由此可見，承天門是中軸線上的第一重門。而中軸線上這一有收斂、有放縱、有高昂、有低回的精美設計，體現了藝術上的抑揚頓挫的韻律，靈活地表現出起伏錯落、平中出奇的建築格局。

據史料《明宮城圖》記載：明代初建的承天門黃瓦、朱柱，上為面寬五間的門樓，下為開有五孔的城台，外有金水橋五座對應，兩側分列石獅和華表。

華表，是中國傳統建築物，有著悠久的歷史，相傳華表既有道路標誌的作用，又有過路行人留言的作用，在原始社會的堯舜時代就出現了，當時稱「誹謗木」。堯時的誹謗木以橫木交於柱頭，指示大路的方向，並用以王者「納諫」。

在承天門城樓前，有一條河流經過。這條河曾因形似玉帶，有人稱它「玉帶河」，或「玉河」，又因其位於元朝皇宮處，俗稱「御河」。

後來因這條河的源頭是從西邊而來，來自京西宛平縣玉泉山，流至義和門南水門入京城。所以元代按照古代陰陽五行學說西方屬於金的說法，稱之為「金水河」。

陰陽五行學說，是中國古代樸素的唯物論和自發的辯證法思想，它認為世界是物質的，物質世界是在陰陽二氣作用的推動下孳生、發展和變化；並認為木、火、土、金、水五種最基本的物質，是構成世界不可缺少的元素。這五種物質相互滋生、相互制約，處於不斷的運動變化之中。

金水河分為內金水河和外金水河。流經故宮內太和殿門前的是內金水河，流經天安門前的金水河為外金水河。

故宮金水河

明代以後，金水河的主要作用是保障宮廷用水和防護城垣，即所謂「金城湯池，深溝高全」。在這一時期，皇宮撲火的幾次大的火災，都得益於金水河的水。

外金水河全長五百公尺，河寬十八公尺，河深約五公尺，河北岸邊沿距天安門牆基三十二公尺。兩岸均由巨型石條砌成，岸上築有矮牆。

碧波蕩漾的河水，映照著天安門城樓，特別美麗燦爛。後來，金水河僅有承天門前的一段，已成為承天門的裝飾，而且大部分改為了暗河。

在永樂年間，明朝以元朝皇城的周橋為藍本，建造了內、外金水橋。內金水橋位於故宮內太和門前廣場內金水河上，係五座並列單孔拱券式漢白玉石橋；橫亙在承天門前外金水河上的，五座並列的三孔拱券式漢白玉石橋為外金水橋。

永樂，是明成祖朱棣的年號。永樂年間，明朝從南京遷都北京、明成祖命偉大的航海家鄭和率領數百艘海船組織的龐大船隊先後六次下西洋，訪問了三十多個在西太平洋和印度洋的國家和地區，明成祖組織編修《永樂大典》等重大歷史事件，全國統一形勢得到進一步發展和鞏固。

拱券式，是拱與券的合稱，為中國傳統建築技術。拱券式結構的建築主要是用磚、石或土坯材料建造的，用這些材料黏結砌築而成的跨空結構砌體，既覆蓋了其下的空間，又造成了圍合四壁，及承托其上屋頂的作用。最早發端於公元前四千多年的黃河流域。

五座外金水橋造型別緻、雕刻精美的石製外金水橋分別與天安門城樓五個門洞相對應。橋南距城門洞六十二公尺，橋與橋之間距離五公尺。

橋稍有坡度，中間出現拱面，而且橋身中間窄，兩端寬，呈「][」型。這種變化多姿、起伏曲折的線條，似彩虹飛渡，更增添了承天門的華麗。橋面略拱，橋身如虹，構成綺麗的曲線美。

紫禁城太和門

據史料記載，以上五座橋創建於同一時期，而其左右的公生橋，則是後來由於明英宗正統初期創建了左右公生門而得名，左右公生門是在明朝承天門宮廷廣場皇城牆長安街一線的兩座坐南朝北的皇城小門，且不在皇城城門之數，為明朝五府六部進出皇城的「總門」，但無匾額。

五府為五軍都督府，即中、左、右、前、後五軍都督府，也叫五軍府，分領在京的除親軍外的各衛所和在外的各督司，只管軍籍和軍政，不能直接統率軍隊；六部指吏部、戶部、禮部、兵部、刑部和工部，六部各設尚書一人，直接對皇帝負責，尚書下有左右侍郎、郎中和主事等。

在外金水河兩岸，各有一對渾重威武、高二點二公尺的大石獅。這四個獅子雕刻精巧，敦實勇猛，神靈活現，栩栩如生，它們自明朝永樂年間就蹲守在天安門前。兩對石獅雌雄東西成對，相互呼應。

東為雄獅，它右爪抬起，在玩弄繡球，俗稱「獅子滾繡球」，象徵帝王寰宇一統的威嚴統治，其權力統一環宇；西為雌獅，它左爪抬起，在戲弄幼獅，象徵子嗣昌盛，繁衍綿延之意。

兩對石獅的頭都歪向內側，以示其保護中路。東邊的雄獅頭略向東歪，而眼睛卻向西看，西邊的雌獅頭略向西歪，而眼睛卻向東注視，它們都雙目圓睜，全神貫注地緊盯著承天門前正中間的御道，彷彿表明它們也是皇帝的忠實衛士。

　　獅子的雕刻很有特點：廣闊的前額，卷曲的鬃毛，撅起的鼻子，張開的大嘴，健壯的筋骨，圓闊的肌肉，加上身上披掛的瓔珞綵帶和鈴鐺，顯得既威武勇猛卻又和善柔順。其雕工精美，造型逼真，活靈活現，栩栩如生，是中國石獅中的精品。

　　在承天門前後，各矗立有一對漢白玉渾圓精美的雕龍柱子，名叫「華表」，又稱「望柱」，始建於明代永樂年間，每對華表間距為九十六公尺，每根華表由承露盤、柱身和須彌座柱礎組成，通高為九點五七公尺，其直徑為零點九八公尺，重約兩萬公斤。

　　望柱也稱欄杆柱，是欄板和攔板之間的短柱，望柱有木造和石造，分柱身和柱頭兩部分；柱身的截面，在宋代多為八角形，清代望柱的柱身，截面多為四方形，望柱柱身各面常有海棠花或龍紋裝飾。柱頭的裝飾，花樣繁多，常見的有龍紋、風紋、雲紋、獅子、蓮花和葫蘆。

■ 天安門華表

　　承天門前的華表仍然保持了堯時誹謗木的基本形狀。可見，華表不單純是一個建築物的裝飾品，而且還是提醒古代帝王勤政為民的標誌。在中國封建社會，華表為帝王增添了氣魄和尊嚴，是封建皇帝權力的象徵。

　　華表柱頭上的部分叫「承露盤」。相傳，漢武帝劉徹曾命人在神明台上立一銅鑄的仙人，雙手舉過頭頂，托著一個銅盤，承接天上的甘露，以為喝了甘露便可長生不老。

　　漢武帝（公元前一五六年至前八七年），即劉徹，是漢朝第七位皇帝，是傑出的政治家、策略家。他在位五十四年，開疆拓土，擊潰匈奴、東並朝鮮、南誅百越、西越蔥嶺，征服大宛，奠定了中華疆域版圖。漢武盛世是中國歷史上的有名的三大盛世之一。

天安門華表

後來，這種形式便流傳下來，並且取消了仙人，簡化為柱子上面放一個圓盤。盤上有一蹲獸，名「望天」，古時一般都稱叫牠「犼」。

傳說，「犼」是一種形似犬的瑞獸，喜好張望，根據所望方位不同，表達的意義也不相同。天安門前面的一對石犼，犼頭朝向南方，意思是盼望皇帝不要久出不歸，故而稱為「望君歸」。

承天門後面的一對華表上面的石犼，犼頭朝向北方，望著紫禁城，意思是希望皇帝不要久居深宮不知人間疾苦，應該經常出宮體察民情，所以稱為「望君出」。

華表的柱身呈八角形，一條巨龍盤旋而上，龍身外布滿雲紋，漢白玉的石柱在藍天白雲的襯托下真有巨龍凌空飛騰的氣勢。柱身上方橫插一塊雲板，上面雕滿祥雲。

華表的基座為八角形漢白玉須彌座，四面雕刻著雲龍圖案。在華表基座外有一圈石欄杆，外面四周環繞白石雕花欄杆，欄杆的四角石柱頭上各雕有一隻憨態可掬的小石獅子，它們頭朝的方向與承露盤上的石犼一致。欄杆不但對華表造成了很好的保護作用，還將華表烘托得更加高聳、秀麗、莊嚴肅穆。

■天安門廣場華表

【閱讀連結】

周橋的設計師和主持建造者，是元朝一位普通石匠，就是河北曲陽的楊瓊。曲陽盛產玉石，石雕技藝唐宋以來已聞名於世。楊瓊出身於石工世家，他的石雕「每出自新意，天巧層出，人莫能及焉」。

公元一二七六年，修建元皇城崇天門前的周橋，很多人畫了圖送上去，都未選中，而楊瓊的設計方案，使元世祖忽必烈十分滿意，下令督建。

《故宮遺錄》中記有：這周橋「皆琢龍鳳祥雲，明瑩如玉，橋下有四百石龍，擎戴水中；甚壯」，為皇城增色不少，因而明皇城的建造者，把它照樣搬來，用以營造金水橋了。

█建左祖右社與宮廷廣場

明永樂年間，在天安門東西兩側建有太廟與社稷壇，就是後來的勞動人民文化宮與中山公園。它是按照中國古代封建帝王都城「左祖右社」的傳統規制建造的。

■天安門旁的社稷壇

太廟是皇帝祭祀祖先的地方，社稷代表政權和土地。二者位於天安門兩側，從而加重了皇城中軸線上承天門的重要地位。

北京太廟琉璃門

　　承天門左側的太廟，始建於公元一四二〇年，是明朝及後來清朝皇家的祖廟。明朝曾經將太廟合祀制度改為分祭，設九廟分別供奉歷代祖先。

　　後九廟中的八廟被焚，僅存睿廟。此後，在重建新廟後，恢復了「同堂異室」的合祀制度。太廟的後殿及兩廡以後也不斷擴建。

　　太廟平面呈長方形，占地面積十三點九萬平方公尺，南北長四百七十五公尺，東西寬兩百四十九公尺。太廟的建築群共有三重圍牆，均為黃琉璃瓦頂紅牆身。在第一重和第二重圍牆之間是古老的柏樹。

　　在第一道圍牆的西進原有三座門，最南邊的稱為太廟街門，共五間，通向天安門裡；中間的稱為太廟右門，也叫神廚門，共三間，通向端門裡；最北邊的稱為太廟西北門，通響午門外的闕左門。三座門都是坐東朝西。

　　廟內主體建築為前、中、後三大殿，每逢新帝登基、親政、監國、攝政、大婚、上尊號、徽號、萬壽、冊立、凱旋和獻俘等，皇帝和嬪妃均到此祭祀。

　　前殿面寬十一間，進深四間，是三殿之主，為皇帝舉行大祀之處。明間之上的兩層簷間木匾書滿、漢文豎寫「太廟」，梁柱外包沉香木，其他構件均為金絲楠木建成，地鋪「金磚」，整個大殿建在漢白玉須彌座上。前殿是供奉皇族祖先牌位的地方。

　　每到年末歲尾大祭的時候，將太廟供奉的帝后神祖主木牌移到這座殿裡，舉行「祫祭」。其兩廡各有配殿，東供有功的皇族神位，西供功臣神位。

　　中殿也叫「寢宮」，是平日供奉死去皇帝神位的地方。兩側有配殿儲存祭器。後殿自成院落，殿前有紅牆同中殿隔開，稱為「祧廟」，是供奉皇帝遠祖神的地方，後來清代供奉的是沒有稱帝前的肇祖、興祖、景祖和顯祖四位追封的先皇帝。

　　此外，還有戟門、神庫、神廚、宰牲亭、井亭和漢白玉石橋等建築。

　　戟門指太廟戟門，為明代規制。黃琉璃筒瓦屋面，單簷廡殿頂，簷下施單抄雙下昂斗栱，座落在漢白玉石護欄圍繞的白石須彌座台基上，台基前後踏道三出，戟門前有單孔白石拱橋五座，戟門左右旁門各一，橋北面東西兩側各有一座六角井亭，橋南左為神庫，右為神廚，戟門內外原列戟一百二十根。

神庫始建於公元一五三〇年，硬山頂，面寬三間，進深一間，帶前廊步，明朝用於存放迎送神位用的鳳亭，就是抬配位、從位諸神位的力子和遇皇祇室修繕時，臨時供奉各神位的地方，東配殿叫「祭器庫」，是存放祭祀所用的器皿具的庫房，彩畫是神庫建築上的一大特色，它們用的是雄黃玉彩畫。

皇帝祭祀太廟時所走之門，一般都是從午門至承天門御道東側的闕左門出入太廟街正門，皇帝齋戒於齋宮，祭日時刻，皇帝御祭服，乘禮輿出宮。

承天門右側是與太廟對稱的社稷壇，原為遼、金時代的興國寺、元朝的萬壽興國寺舊址。公元一四二一年，按「左祖右社」的規制於此設壇，以後一直為明清兩代皇帝春秋祭祀土地之神和五穀之神的地方。

社稷壇位於後來的中山公園中央，坐南朝北。社稷壇為漢白玉砌成的三層方台。每層用白石欄杆圈圍。據《日下舊聞考》記載：

「社稷壇在闕右，北向，壇制方，二成，高四尺，上成方五丈，二成方五丈三尺，由出陛，皆白石，各四級。上成築五色土，中黃、東青、南赤、西白、北黑。」

《日下舊聞考》是一本有關北京的史志書，全書名《欽定日下舊聞考》，共一百六十卷，清朝大臣英廉等奉敕編撰。本書參閱古籍近兩千本，保存大量自清順治至乾隆四朝時期，中央機關及順天府、宮室、苑囿、寺廟、園林、山水和古蹟諸方面的建置、沿革及現狀的原始資料，具有很高的歷史和學術價值。

天安門右邊的社稷壇

　　壇上五色土，分別象徵金、木、水、火、土，是萬物之本，含「普天之下，莫非王土」之意。壇的地基全部用的是漢白玉，壇四周設圍牆，上覆琉璃瓦，瓦色與壇上土色相對應，在壇中央曾有一方形石柱，名為江山石，意為江山永固。

社稷壇內的拜殿

壇的四方各有一座漢白玉的欞星門，顯得莊嚴肅穆。在花壇北有一既莊重又精巧的木構大殿，稱拜殿。此殿始建於明永樂年間，頂為單簷歇山黃琉璃瓦，面寬五間，進深三間，朱紅門窗，白石台基，是為皇帝在祭祀途中避風雨而設。

台基又稱基座，指台的基礎，是中國古代建築物中高出地面的建築物底座，用以承托建築物，並使其防潮、防腐，同時可增添中國古建築高大雄偉的特徵。

在拜殿的北側有一座門叫戟門，進深五間，原門內曾陳列有鐵戟七十二把，每把鐵戟長約三點七公尺，號稱「銀徽紅桿金龍戟」。此外，還有位於內壇牆西門外南側的宰牲亭和位於社稷壇外西南的神櫥、神庫等附屬建築。

皇帝來社稷壇祭祀時，從闕右門進社稷壇東北門至壇的門外，下輦坐轎入右門，順戟門往東行至拜殿東階下轎，在樂舞聲中到壇上行祀。

壇上設有神牌，太社位於右，太稷位於左，均朝北。每年皇帝之所以要親祀，是以表示「非土不立，非穀不食，王者以土為重，為天下求福報功」。

明永樂年間，明朝在規劃營造宮城時，除建左祖右社外，還建有宮廷廣場，以顯示其皇權至上的氣派。明代永樂年間所建宮廷廣場，是北京最早的天安門廣場。

據史料記載：遼金時期燕京城東北郊外，有一座著名的古剎興國寺，其位置在後來天安門廣場的西北角一帶，明朝的宮廷廣場便創建於興國寺的遺址之上。

在元朝時，據史書記載：公元前十一世紀，周武王克商以後，封帝堯之後於薊，封召公於燕。秦滅燕之後，設置薊縣，故址在後來的北京城。戰國七雄中有燕國，就是因臨近燕山而得國名，其國都稱為「燕都」，又稱「燕京」。此後，在一些古籍中多用其為北京的別稱。廷廣場從宮城前移至皇城前，從不封閉、半封閉發展到完全封閉。明朝以後承襲了元朝宮廷廣場的規制。

藍天白雲下的天安門城樓

　　承天門建成後，把其前邊的大片曠地用紅牆圍起，形成了更加封閉的「T」字形前院，是為皇城內的宮廷廣場。至此，宮廷廣場已成為只有皇帝、宗室和官吏出入的禁地。

　　明朝時的宮廷廣場原由大明門、長安左門和長安右門以及千步廊合圍而成。在承天門南面，正陽門之北，原有一座三闕的大清門，其北側左右各有東西向廊房一百一十間，稱千步廊，又東、西折向北廊房各三十四間，東接長安左門，西接長安右門，皆連簷通脊。面北為天街，即後來的長安街，凡文武百官至此要下馬下轎步行。

在古代，北京城的中心是紫禁城，而宮廷廣場所在的範圍，恰好也涵蓋在紫禁城這個中心之內。作為對稱，在承天門城樓建築上，講究「左祖右社」；在宮廷廣場布局上，講究「文東武西」，國家機構分列廣場兩側。因此，明朝首建禮部後便把五府六部集中在了宮廷廣場兩旁。

千步廊東側，掌管全國禮儀、祭祀、宴饗、貢舉等事務的禮部，和掌管全國官吏選授、考課、勛封之政的吏部，負責全國戶口、土地、賦稅、財政收支等事務的戶部以及宗人府、兵部、工部、鴻臚寺和欽天監等，衙署建築均坐東朝西。

千步廊西側，有全國最高統軍機構左、中、右、前、後五軍都督府，和掌管祭祀禮樂的太常寺及受理內外章疏、收臣民密封申訴之件的機構通政使司，以及掌管侍衛、緝捕、刑獄之事的錦衣衛等衙署建築均坐西朝東。

明朝時，由吏部、兵部常在東側千步廊選拔官吏，叫做「月選」、「官掣」，禮部在那裡審核鄉試、會試考卷，叫「磨勘」；而西側千步廊則是刑部審判犯人的地方，稱為「朝審」與「秋審」。

整個宮廷廣場處在森嚴、幽深、神祕的布局之中，成為朝廷禮法所繫之地，是封建帝王皇權至尊思想的集中體現。

那時，由於實行殿試的科考制度，所以每三年一次在京都舉行科考，時間是在春季農曆三月。地方各省的舉人，都可進京應考。

殿試，為中國宋、元、明、清時期科舉考試之一。又稱「御試」、「廷試」或「廷對」，即指皇帝親自出題考試，對會試合格者區別等第。殿試為科舉考試中的最高一段，由武周皇帝武則天所創，宋代始為常制。明清時期殿試後分為三甲：一甲三名賜進士及第，通稱狀元、榜眼、探花；二甲賜進士出身；三甲賜同進士出身。

狀元，指中國古代科舉考試中，殿試考取第一名的人。殿試由皇帝或中央政府指定的負責人主持，用同一套試題，在同一地點開考，然後經統一閱卷、排名，並經最高當局認可的進士科考試的第一名。其中，第二名為榜眼，第三名為探花。此制度始建於隋唐時期。

但進京應考的舉人，必需首先集中在大清門內東側的千步廊，待朝廷禮部經會試考中為貢士之後，再由貢士經殿試考中者，才能被皇帝賜為進士。凡經殿試考中狀元、上了金榜的，統稱為「登龍門」。所以，老百姓把長安左門俗稱為「龍門」。

　　中國古代的科舉制度，通過最後一級考試者，稱為進士，是古代科舉殿試及第者之稱。隋煬帝大業年間始置進士科目，唐亦設此科，凡應試者謂之舉進士，中試者皆稱進士。元、明、清時，貢士經殿試後，及第者皆賜出身，稱「進士」。且分為三甲：一甲三人，賜進士及第；二、三甲，分別賜進士出身、同進士出身。

天安門金水橋

但是，大清門內西側的千步廊和長安右門，其用途與東側的千步廊和長安左門截然不同。朝廷規定，每年各省在秋季以前，將平時判處死刑並未立即執行的案件，必需上報朝廷的刑部。

各省上報的案件，必需首先集中於大清門內西側的千步廊，由刑部會同負責審查案件的官署大理寺等進行審核之後，奏請皇帝裁決。

■莊嚴肅穆的天安門

然後，由朝廷將皇帝的裁決，也經天安門送出長安右門，公布於眾，叫做「秋審」，即將膽敢侵犯「王法」的重犯就將押出長安右門「正法」。顯然誰一旦被押入這個虎口，就再難生還了。所以，老百姓將長安右門起了個綽號，呼之為「虎門」。

長安左、右門又因「東青龍，西白虎」而得名龍、虎門。兩道門外面是張貼皇榜之處，文榜在龍門外，武榜在虎門外，兩道門因各有三個門洞，所以也俗稱為「三道門」。

【閱讀連結】

中國的禮制思想有一個重要內容：崇敬祖先、提倡孝道；祭祀土地神和糧食神。有土地才有糧食，「民以食為天」，「有糧則安，無糧則亂」，風調雨順，國泰民安這是人所共知的天經地義。左祖右社，則體現這些觀念。

所謂「左祖」，是在宮殿左前方設祖廟，祖廟是帝王祭拜祖先的地方，因為是天子的祖廟，故稱太廟；所謂「右社」，是在宮殿右前方設社稷壇，社為土地，稷為糧食，社稷壇是帝王祭祀土地神、糧食神的地方。古代以左為上，所以左在前，右在後。

重建後的承天門城樓

公元一四二一年，明成祖朱棣頒詔正式遷都北京。承天門建成之後，蒯祥因設計了承天門和皇宮中的三大殿以及十三陵中的裕陵等一批重要的皇宮建築，聲譽鵲起。就連明憲宗朱見深每次見到他都會龍顏大悅，「每每以『活魯班』呼之」，稱讚蒯祥為「蒯魯班」。

公元一四五六年，蒯祥晉任工部左侍郎後，他又先後參加或主持了多項重大的皇室工程。明代內閣首輔楊廷和在《憲宗實錄》中評說：

「凡殿閣樓榭，以至迴廊曲宇，隨手圖之，無不稱上意者……凡百營造，祥無不與……」

公元一四五七年，承天門遭到雷擊起火被毀，但在當時，承天門沒能得到恢復。直至公元一四六五年，明憲宗朱見深，才下詔由工部尚書白圭主持、蒯祥設計，並參與施工重建九開兩層的木構承天門城樓。

這次重建，蒯祥將承天門由牌坊式改建成了宮殿式，基本上奠定了後來天安門的規模。此後，明朝一百八十年間雖有修建，但都未作較大變動。

承天門城樓重建後，一座更加雄渾壯麗，更加莊重肅穆的城樓在承天門舊址廢墟上拔地而起，造型威嚴莊重、典雅，氣勢宏大，是中國古代傳統建築藝術的代表作，其建築風格和裝飾水準在當時即受到了文武百官的一致稱讚。在這之後，蒯祥又多次負責主持了對承天門的修繕。

天安門城樓側景

　　承天門城樓總高三十三點七公尺。它的主體建築分為上下兩層，上層是巍峨的大殿，下層是巨大的城台。承天門城樓的大殿為重簷，就是兩層簷歇山式屋頂。

　　歇山式，是中國常見古建築屋頂的構造方式之一，多用在建築性質較為重要，體量較大的建築上。它由前後兩個大坡簷，兩側兩個小坡簷及兩個垂

直的等腰三角形牆面組成。歇山建築屋面峻拔陡峭，四角輕盈翹起，玲瓏精巧，氣勢非凡，它既有廡殿建築雄渾的氣勢，又有攢尖建築的風格。

重簷歇山式屋頂的前後兩坡是整坡，左右兩坡是半坡，中間有一條正脊，正脊兩端折下，有四條垂脊，四條戧脊，就是垂脊下端折向的一條接連殿角，兩側留有山花。

正脊又叫大脊、平脊，位於屋頂前後兩坡相交處，是屋頂最高處的水平屋脊，正脊兩端有吻獸或望獸，中間可以有寶瓶等裝飾物。廡殿頂、歇山頂、懸山頂和硬山頂均有正脊，卷棚頂、攢尖頂和盝頂沒有正脊，十字脊頂則為兩條正脊垂直相交，盝頂則由四條正脊圍成一個平面。明清時期，正脊多為平直。

垂脊，是中國古代屋頂的一種屋脊形式。在歇山頂、懸山頂、硬山頂的建築上自正脊兩端沿著前後坡向下，在攢尖頂中自寶頂至屋簷轉角處。對廡殿頂的正脊兩端至屋簷四角的屋脊，一說也叫垂脊，但另一說為戧脊。

戧脊，是在不同方向的承梁板的屋頂中，兩個斜屋面交接處所形成的外角，又稱岔脊，是中國古代歇山頂建築自垂脊下端至屋簷部分的屋脊，和垂脊成四十五度，對垂脊起支戧作用。戧脊上安放戧獸，以戧獸為界分為獸前和獸後兩段，獸前部分安放蹲獸，數量根據等級大小各有不同。

天安門側景

重簷的大殿頂上覆蓋著金黃色的琉璃瓦，四角屋簷微微上翹，斜平舒展，形成漂亮的凹線形曲線，使巨大、沉重的屋頂已得輕盈飄逸，肅穆尊貴。

屋頂斜面設計成凹形曲線，也有它的實用效果，下雨時，流水經過這裡後，能夠滴到距離牆基較遠的地方去，可以保持牆基的乾燥和延長建築物的壽命。同時，後簷高高翹起，既增加了陽光照射的面積，保持了室內的亮度，又使大殿增添了奔放之感。

在屋頂的正脊和垂脊上，還裝飾著神態各異、生動有趣的龍吻和仙人走獸，使承天門外觀顯得更加古雅、華麗。在紅色為底的東西兩側山牆上，大面積貼金，圓圈形的叫萬壽圈，呈綬帶形狀的為萬壽帶。它們相互纏繞，金光燦爛，喻示著皇帝萬壽無疆、皇恩浩蕩。

中國古代建築的形式極富變化，最突出的表現就在屋頂上。根據建築等級的高低和使用性質不同，建築物屋頂造型也截然不同。

最尊貴的是廡殿頂，由於它由四大坡交成五條脊，所以也稱「四阿頂」、「五脊殿」，如故宮的太和殿、午門城樓等。

其次是歇山頂，還有攢尖頂、懸山頂、硬山頂等多種形式。歇山頂也叫九脊殿，分為單簷、重簷兩種，雖比院殿頂低一個等級，但它仍是宮殿建築中較高的形制建築。

攢尖頂指攢尖式屋頂，是中國古代建築的一種屋頂樣式，其特點是屋頂為錐形，沒有正脊，頂部集中於一點，即寶頂，該頂常用於亭、榭、閣和塔等建築。攢尖頂有單簷、重簷之分，按形狀分為角式攢尖和圓形攢尖，其中角式攢尖頂有同其角數相同的垂脊，有四角、六角和八角等式樣。圓形攢尖則沒有垂脊，尖頂由竹節瓦逐漸收小。

承天門城樓的地位雖然比不上太和殿、午門以及乾清宮等皇宮建築，但由於它採用了重簷歇山頂形式，也使中軸線上的建築物富有了變化，避免了形式上的千篇一律。

在巨大的承天門朱紅城台上層正中，座落著巍峨壯觀、金碧輝煌、威嚴寬敞的大殿。大殿坐北朝南，底層四面環廊，基座長六十一點六公尺，寬三十二點五公尺，面積一千九百二十平方公尺。

基座底部至正吻獸頭頂二十二點六公尺，四周雕刻有荷花寶瓶圖案的漢白玉欄板，欄杆望柱上雕成蓮花瓣瓜頭花飾；殿內紅漆木柱，宮燈高懸，和璽彩繪，雕梁畫棟，駐足此間，賞心悅目。

宮燈，即中國歷代皇宮中用的燈，主要是些以細木為骨架鑲以絹紗和玻璃，並在外面繪上各種圖案的彩繪燈，又稱「宮廷花燈」，是中國綵燈中富

有特色的手工藝品之一，它以雍容華貴、充滿宮廷氣派而聞名於世。由於長期為宮廷所用，除去照明外，還要配上精細複雜的裝飾，以顯示帝王的富貴和奢華。

　　古時稱大殿「門五闕、重樓九楹、彤扉三十六」，東西面寬九間，南北進深五間。中國古代把數字分為陽數和陰數，奇數為陽，偶數為陰。陽數中九為最高，五居正中，因而以「九」和「五」象徵帝王的權威，稱之為「九五之尊」，九五相合象徵帝王之位。

天安門城樓

《易經》上說：

「九五飛龍在天，利見大人……言九五陽氣盛至於天，放飛龍在天……猶若聖人有龍德，飛騰而居天位。」

承天門主體建築充分體現了皇權至上的思想。承天門大殿共有六十根直徑約為九十二公分的紅漆木柱，承受著屋頂建築大部重力。

天安門城樓內景

正面的三十六扇門窗，為中國傳統的菱花格式，連鎖不斷的花紋，構成一幅簡潔整齊的圖案。窗的下部為雕花裙板，顯得大方而穩重。

古代建築宮殿使用的材料，在品質上要求很嚴格，木架和裝修均用上等的珍貴楠木，凡梁柱必用楠木。承天門的漆木柱、梁枋和斗栱等楠木用料主要採木於四川、湖廣、浙江和山西的崇山峻嶺，再經長江沿運河、通惠河運到北京。

梁枋，是房子的木結構。其中，梁指木結構屋架中專指順著前後方向架在柱子上的長木，枋指兩柱之間起聯繫作用的方柱形木。就是支撐房屋頂部主要構件的統稱。

通惠河，位於京城的東部，是元代挖建的漕運河道，由郭守敬主持修建，自公元一二九二年開工，公元一二九三年完工，元世祖將此河命名為「通惠河」。最早開挖的通惠河，自昌平縣白浮村神山泉經甕山泊，今昆明湖至積水潭、中南海，自文明門，今崇文門外向東，在今天的朝陽區楊閘村向東南折，至通州高麗莊，今張家灣村入潞河今北運河故道，全長八十二公里。

在承天門城樓大殿內，懸掛於梁柱之間的十七盞大型玻璃宮燈，與古老的建築渾然一體，特別醒目。

大廳正中最大的那盞八角宮燈為主燈，有八個面，全高六公尺，直徑二點八公尺，重約四百五十公斤；其餘十六盞為六個面的輔燈，每個輔燈高六公尺，直徑二點二公尺，重約三百五十公斤。八角宮燈和六角宮燈一起組成了一個眾星捧月的圖案。

承天門大殿地面是由「金磚」鋪成，「金磚」特指江南、蘇州燒製見方二尺細料方磚。此磚經運河和通惠河運至北京，包供皇帝專用，始稱「京磚」。後因這種磚敲擊有聲，聲如金鐘，亦被稱為「金磚」。

城台從地面到台頂高十二點三公尺，上層長一百一十六公尺，寬三十八點七六公尺，面積為四千五百平方公尺，下層長一百二十公尺，寬四十公尺，底面積四千八百平方公尺，整個城台外觀呈立體等腰梯形。

明朝在營造和重建承天門時，城台的上部是用大城磚疊砌，併用白灰膏、江米汁灌漿的實心城台。每塊城磚重二十四公斤，這些城磚大多來自山東臨清。在當時，那裡派有專人督辦燒製城磚，裝漕船經北運河、通縣張家灣轉運到北京城。

城台牆身的顏色全部粉刷為紅色，舊時所用紅色塗料主要有白灰、頭號紅，另加少量江米，就是糯米、白釩等調配而成。江米取其黏性，白釩提色出亮，將其用在外表粉飾，光緻細密、色調美觀。

在舒展高大、端莊樸厚的承天門城台下，有五個券形門洞，門洞長均為四十公尺，但高寬不一。五個門洞中，數中間最大，高八點八二公尺，寬五點五二公尺，此門正中恰好壓在皇城的中軸線上。

■天安門城樓

　　其餘四個門洞依次往外縮小。對稱於中央門洞兩側，緊靠中間門洞的兩個門洞各寬四點四三公尺，最外的兩個門洞各寬三點八三公尺。

　　承天門城台下部，是潔白寬大的漢白玉石須彌座台基。出地面高一點五九公尺。台基在古建築工程中匠師相襲稱之為「治明」，它有一部分埋入地下，承受基上全部建築重力並傳給地基。台基具有保持建築穩定、防水、防潮之功能。

　　承天門城台的台基採用漢白玉基座，屬宮殿建築中規格最高的台基建築，不僅能襯托出城樓的巍峨壯觀，而且，漢白玉台基經久耐用，可以延長城樓建築壽命，加強建築物的穩重感。

　　在城台上部邊沿四周是一點二公尺高的淡青色女兒牆，上覆黃色琉璃瓦，遠遠望去，猶若一條銀帶纏繞在天安門上，把這座古建築裝飾得更加美麗無比。

　　女兒牆，在古時候也叫「女牆」，包涵著窺視之義，是仿照女子「睥睨」之形態，在城牆上築起的牆堆。特指房屋外牆高出屋面的矮牆。主要作用除維護安全外，也會在底處施作防水壓磚收頭，以避免防水層滲水、或是屋頂雨水漫流。

■ 天安門城樓的一角

　　在承天門城樓東西兩側，各有一條長三十公尺，寬六點五公尺，用青磚鋪成的梯形通道，也稱馬道。馬道係古稱校場或城牆上跑馬的路。明朝時，每當在承天門舉行「金鳳頒詔」儀式時，宣詔官員都要從這裡上下城樓。

　　校場，指古時候操練或比武的場地。唐‧李濯《內人馬伎賦》：「人矜綽約之貌，馬走流離之血，始爭鋒於校場，遽寫鞚於金圩。」校場是針鋒相對的地方，而且皇帝常在校場檢閱部隊。

■ 天安門夜景

中华人民共和国万岁

後來，馬道年久破損，在承天門修繕時，將馬道改砌成了五條階梯。整條馬道分為四層台階，每層十七級，共六十八級，中間有三個平台。同時，馬道兩邊的路燈也由原來的宮燈形狀改換成了壁燈，每個馬道七組，每組兩個壁燈。

【閱讀連結】

關於「金磚」，一說此磚從取土、燒製、運輸、加工直至鋪設，每塊價在當時約折合一兩黃金，故稱「金磚」。製磚之泥以「黏而不散，粉而不沙」為上。

「金磚」的製造工藝較為複雜，全部為手工操作，需要經過取土、煉泥、裝模，陰乾、焙燒和涸窯等十幾道工序，方能製成。

古時一般平民百姓屋舍，別說用「金磚」犯忌，就是能看上一眼也很難，所以「金磚」的使用，通常僅限於皇宮等古代建築群。

▌承天門城樓的精美裝飾

■北京故宮建築

　　古代皇宮建築對做工與裝飾都特別講究，其裝飾藝術中布局的大小規格、嚴謹程度直接影響著整個建築象徵性的表達。

　　作為皇宮的正門承天門，屋頂上熠熠生輝的琉璃瓦、龍吻和栩栩如生的仙人走獸，大殿內外的斗栱、梁枋與和璽彩繪以及城門與門釘的使用，自然是皇權和封建等級制度的象徵性體現。

　　在承天門城樓大殿的屋頂上，覆蓋著上千塊金黃色的琉璃瓦。這些古樸的琉璃構件，在陽光的照射下，流光溢彩，散射出耀眼的光輝，使這座建築愈顯得美麗華貴，氣勢非凡。

北京天安門城門

　　琉璃建築構件的出現，最早的史籍記載見於北齊時魏收撰寫的《魏書》。《魏書》是一本紀傳體史書，內容記載了公元四世紀末至六世紀中葉北魏王朝的歷史，共一百二十四卷，其中本紀十二卷，列傳九十二卷，志二十卷。因有些本紀、列傳和志篇幅過長，又分為上、下，或上、中、下三卷，實共一百三十卷。

　　書中的《西域傳·大月氏》中記載：

　　「世祖時其國人商販京師，自云能鑄石為五色琉璃，於是，採礦山中，於京師鑄之，既成，其光澤乃美於西方來者。仍詔為行殿，容百餘人。」

　　可見從那時起，琉璃就以它華美的色澤和良好的防水性能，與建築結下不解之緣。琉璃的色彩種類很多，有黃、綠、青、藍、黑、白和翡翠等十幾種。

　　元朝宮殿大量使用的是綠色琉璃。但到了明朝，對於什麼樣的建築使用什麼樣的色彩則更加細分。

北京故宮中式建築

　　明朝以後，黃色多用於皇宮和重要的廟宇處，綠色多用於宮廷內的一般殿宇、城門廟宇和王公府第等處，黑色常見於廟宇和王公府第，藍色預示無窮，只用於與隆重祭祀有關的建築，如天壇祈年殿。

　　天壇，在故宮東南方，占地兩百七十三公頃，比故宮大四倍，是明清兩朝帝王冬至時，祭皇天上帝和正月上辛日行祈穀禮的地方。天壇建築布局呈「回」字形結構，由兩道壇牆分成內壇、外壇兩大部分。最南的圍牆呈方形，象徵地，最北的圍牆呈半圓形，象徵天，北高南低，這既表示天高地低，又表示「天圓地方」。

　　在承天門城樓屋頂正脊的兩端，有一對翹首華麗的琉璃裝飾物，古代稱為龍吻，因在正脊上，又稱之為大吻或正吻。

　　龍吻高三公尺多，寬兩公尺多，重約四噸，由十三塊琉璃構件組成，俗稱「十三拼」。承天門共有正脊一條，垂脊八條，在正脊與垂脊上共有十個龍吻，故又有「九脊封十龍」的說法。

龍吻表面飾龍紋鱗甲，四爪騰空，龍首怒目，張口吞住正脊，脊上插有一柄寶劍。在古代建築中，龍吻不但是一種重要的裝飾物，而且由於它銜接了殿頂正脊與垂脊之間的重要關節，從而造成了使殿頂更加封閉、牢固和防止雨水滲入的作用。

古代建築正脊兩端的龍吻，過去又稱為「鴟吻」。它的演變過程大體為，由鴟尾到鴟吻至龍吻。唐代以鴟吻為主，明代以後才由龍吻取代了鴟吻。據《唐會要》所記載：

「漢柏梁殿災後，越巫言海中有魚，虯尾似鴟，激浪即降雨，遂作其像於屋上，以壓火祥。」

《唐會要》，是中國最早的一部斷代典制體史籍，共一百卷，由北宋宰相王溥撰。它取材於唐代的實錄文案，分門別類地具體記述了唐代各項典章制度的沿革變遷，始稱《新編唐會要》，後簡稱《唐會要》。

鴟尾的形狀呈月形，有點像魚的尾巴，又有點像鳥，人們當時把它裝飾在屋頂上，有「辟火」鎮災之意。

天安門城樓的和璽彩繪

明朝承天門的龍吻嘴張得很大，可以吞住正脊的蓋脊瓦、正脊筒和群色條三部分，而後來的清代龍吻張得較小，僅能吞住蓋脊瓦和正脊筒，群色條在龍嘴的下唇以下了。

脊瓦，指蓋在屋脊上的、同一部分能向兩面排水的瓦，而蓋瓦為坡面上的瓦只能單向排水的。形象的以故宮為例，丫子形的棱上多為脊瓦，作用是向兩邊排水，棱之間的面上的為蓋瓦，作用是沿面向下排。脊瓦在中國有悠久的歷史。

在承天門正脊上的龍吻，其頸背上還插有一把寶劍，並露出傘形劍靶。它起裝飾龍吻，增加其華麗氣勢的作用。除正脊上的龍吻外，兩坡垂脊上也各有一龍吻，亦稱垂脊吻，其體形略小，呈前趨勢，起封護兩坡瓦壟和裝飾垂脊的雙重作用。

在中國古代宮殿的建築中，屋脊的裝飾是其重要的一部分。承天門除了正脊、垂脊上的龍吻外，在八條垂脊上還有七十二個栩栩如生的仙人走獸。每條垂脊最前面的是一個騎著似鳳非鳳、似雞非雞的仙人領路，稱之為「騎雞仙人」。

仙人之後依次是龍、鳳、獅子、天馬、海馬、狻猊、押魚、獬豸和鬥牛九個形態各異的走獸。它們儼然一副昂首擺尾、欲上九天攬月的神勢。

九個走獸各有各的含義。龍為萬物之首，鳳為百鳥之王，龍、鳳是吉祥富貴的象徵，取其吉利之義；獅子乃獸中之王，狻猊傳說為能食虎豹的猛獸，亦是威武百獸率從之意；天馬、海馬在古代是尊貴的象徵，寓意皇家的威德可通天入海；押魚是海中異獸，能興風作浪，傳說是防火、滅火能手。獬豸外形似龍又有尾，似獅卻生角，性情忠直，善於分辨曲直，含主持公道之意；鬥牛是身披鱗甲有龍的神態，且外形似牛的一種異獸，能消災滅禍。

　　關於這些走獸的含義人們說法不一，但總體上不外乎鎮災除惡、逢凶化吉，體現著皇家殿宇的威嚴和吉祥富貴。

　　仙人走獸和龍吻一樣，不單純是簷脊上的裝飾物，還是簷脊上不可缺少的組成部分。「騎雞仙人」的作用是固定垂脊下端的第一塊瓦件，其他走獸的功能是遮住兩坡瓦壟交匯點上的三連磚上口，保證雨水不從三連磚處滲入。由於它們的存在，完美地密封、防漏和加固。

　　在明朝，殿宇的等級不同，走獸數目也有著嚴格的等級區別。按古建形制，一般多採用三、五、七、九奇數，最高為九個，不包括仙人，如承天門、端門、乾清宮等，但太和殿卻破例在九個走獸後邊又加上一個名為「行什」的走獸，達到十個，為宮殿走獸中最多的一例，充分體現出該建築的不同凡響。

　　行什，是指在中國古建築的岔脊上，共裝飾有十個小獸，其中最後一個就是行什，是一種帶翅膀猴面孔的人像，手持有降魔的功效的金剛寶杵，是壓尾獸。因排行第十，故名「行什」。古代建築上的脊獸，可見的行什僅在太和殿上，象徵著消災滅禍，逢凶化吉，還含有剪除邪惡、主持公道之意。

　　脊獸，是中國古代建築屋頂的屋脊上所安放的獸飾。它們按類別分為跑獸、垂獸、仙人及鴟吻，合稱「脊獸」。其中正脊上安放吻獸或望獸，垂脊上安放垂獸，戧脊上安放戧獸，另在屋脊邊緣處安放仙人走獸。但古時，在士族富人家後院的小姐繡樓屋脊上，一般不安放脊獸。

天安門城樓秋景

　　殿宇降級，走獸數目也隨之減少，一般皇帝居住和處理政務的地方為九個，皇后寢宮坤寧宮為七個，嬪妃居所東西六宮為五個，有的甚至是一個。減掉的走獸是減後不減前，而且要成奇數。另外，走獸的尺寸、顏色視殿宇等級也有明顯區別。

建築上的彩繪

在承天門大殿翹邊翹角的飛簷下，是令人眼花撩亂而又排列有序的斗栱和梁枋。

斗栱，為中國傳統木構架體系建築中所獨有，是由外形方木弓形橫木組成的具有翹、昂、拱特點的木製構件。斗栱在西周就已出現；唐宋時，只是為了加強建築結構的整體作用；明時，則成為柱網和屋架間的主要裝飾。

柱網，就是單層房、多層房中，承重結構柱子在平面排列時形成的網格，柱網的尺寸由柱距和跨度確定，所以建築柱網的確定主要就是確定跨度和柱距。

色彩豔麗、上下疊落、層層咬合的斗栱，是柱與屋頂的過渡部分，不但能使屋簷上翹和向外伸展，而且造成了承受屋頂重量並分散到柱身上的作用。斗栱自唐代發展成熟後便規定民間不得使用。

梁枋又分為額枋和簷枋。承天門屋簷斗栱下面是額枋，上邊繪有華麗的彩畫和金龍圖案；大殿柱頂部位，柱子之間相互聯繫的構件叫簷枋，繪有龍鳳和璽圖案。一般較長梁枋構件的彩畫分為五段，兩端部分稱箍頭，其內側為藻頭，中間稱為枋心。

藻頭，是指檁端至枋心的中間部位，由藻頭本身、皮條線、盒子、箍頭等部分組成。如檁枋較長，藻頭部分可延長，皮條線沿邊用雙線，加箍頭和盒子等。

梁枋上的各個部位主要線條全部瀝粉貼金，金線一側襯白粉或加暈，用青、綠、紅三種底色襯托金色，看起來非常華貴。和璽彩繪分為「金龍和璽」、「龍鳳和璽」和「龍草和璽」三種。

和璽彩繪，是中國古典建築中一種特有的裝飾藝術，也是彩繪形式中最為高級、最為尊貴的彩畫作。主要用於宮殿、壇廟等大型建築物的主殿。

承天門大殿環廊採用的是金龍和璽圖案。整組圖案以各種姿態的龍為主要內容，枋心是二龍戲珠，藻頭中青地為升龍，就是龍頭向上，綠地畫的是降龍，就是龍頭向下，盒子中間為坐龍，並襯以雲氣、火焰等圖案，具有強烈的神威氣氛。

在大殿廳堂縱橫交錯的梁枋上繪的是龍鳳和璽彩繪。枋心是雙龍或是雙鳳，藻頭、盒子等部位青地畫龍，綠地畫鳳。「龍鳳和璽」含有「龍鳳呈祥」和「雙鳳昭富」之意。屋頂上的天花藻井畫的是團龍圖案。整個大殿在龍鳳和璽彩繪的襯托下，富麗堂皇，金碧生輝。

承天門的五個城門洞中，各有兩扇朱漆大門，門上布有「縱橫各九」的鎏金銅釘。在城門上施用門釘之舉，最早出現於隋唐時期。

最初是出於構造的需要，在木板和穿帶部位，釘上鐵釘以防止門板鬆散。但由於鐵釘釘帽露在門表面有礙觀瞻，為美觀起見，人們將針帽打造成泡頭形狀，兼有了裝飾功能。

■天安門城樓的和璽彩繪

對於使用門釘的數量，明代以後，有了等級上的講究：「宮殿門廡皆崇基，上覆黃琉璃，門設金釘。」「壇廟圜丘外內垣門四，皆朱扉金釘，縱橫各九」。

■古門上的門釘

門釘要縱、橫各九路，因為九是陽數之極，「九重」為帝王之居，只有皇帝的皇宮及城門正門才能享有「縱橫各九」的規格，以下按品級門針數量呈單數遞減。

一般親王府邸的大門上門釘縱九橫七；世子府邸門釘縱七橫五；公爵門釘縱橫各七，侯爵以下至男爵縱橫各五，不過，他們各自的大門上只能為鐵製門釘，不能採用銅製門釘。天安門乃皇城正門，當然門釘也屬最高級別。

【閱讀連結】

在承天門正脊上的龍吻，其頸背上插有一把寶劍。據說，這是因為怕龍吻擅離職守逃回大海，所以把它死死地鎖在屋脊上，使其不能騰飛。

明代以前，雖有龍吻但多不插劍靶。明清兩代龍吻上的劍靶在外形上也有區別，明代劍靶外形為寶劍劍柄，劍柄的上部微微向龍頭方向彎曲，頂部做出五朵祥雲裝飾；清代劍靶外形也是劍柄，但上部是直的，沒有向龍頭方向彎曲，頂端雕飾的圖案是魚鱗裝飾。天安門龍吻上的劍靶屬清代形制。

▌清朝擴建並更名為天安門

明末時，宏偉壯觀的承天門毀於兵火，上半部蕩然無存，只剩下光禿禿的五個門洞。公元一六四四年，清朝決定定都北京後，立即著手對北京宮室進行了修復。當時，雖然也有一些增建的宮殿，但數量不多。

　　清朝的皇城、宮城大多承襲明代舊制，經過幾次大規模的修繕後，古都北京的城郭和城門基本上恢復了原貌。

天安門前漢白玉石欄杆

　　當時，由於進京不久，清朝統治者特別注重「安」與「和」的策略，以求得清朝統治的「長治久安」。於是，清朝除採用其他措施外，還在城門的名稱上大做文章。

清朝首先將紫禁城內的「皇極殿」、「中極殿」、「建極殿」分別改名為「太和殿」、「中和殿」、「保和殿」，以取內宮平穩之意。還有皇城的「地安門」、「東安門」、「西安門」三個門，都突出了一個「安」字，以示外安內和。

公元一六五一年，清世祖愛新覺羅·福臨下令在承天門原廢墟上進行大規模改建，按明時承天門原貌重修城樓，將「承天門」之名更改成了「天安門」，但天安門上懸掛的木質匾額是「天安之門」，以取「受命於天，安邦治國」之意。

這樣，「天安門」既涵蓋了「承天啟運」的命名意旨，又納入了「安邦治國」、「國泰民安」的思想。

公元一六八八年，康熙皇帝下令大規模修繕與擴建天安門，基本保持了順治時改建的形制。在天安門城樓基座周圍增建了漢白玉欄杆、欄板，雕刻了蓮花寶瓶等圖案。

在康熙年間，除重建天安門城樓外，還修繕和擴建了金水橋以及天安門宮廷廣場等。

天安門前的七座橋在建制、裝飾和使用對象上各有不同，一直有著森嚴的等級制度。位於七座橋最中間、最突出的一座橋的橋面最為寬闊宏大，長二十三點一五公尺，寬八點五五公尺，白石欄杆柱頭上雕刻著蟠龍望柱，下襯雲板，為皇帝一人專用，稱為「御路橋」。

御路橋兩旁，白石欄杆上雕有荷花柱頭的橋叫「王公橋」，橋面寬五點七八公尺，只許宗室親王們通行；王公橋外側的兩座橋較窄，寬四點五五公尺，叫「品級橋」，只許三品以上的文武大臣通過。

太和殿

在金水橋中，最靠邊的兩座橋比品級橋還窄，只是普通浮雕石橋，叫「公生橋」。

一座在太廟，即後來的勞動人民文化宮門前；一座在社稷壇，即後來的中山公園門前，供四品以下官員、兵弁和伕役過往使用的。

在清朝時期，北京皇城和宮城最大的變化，是公元一七五四年擴建天安門前宮廷廣場。據《國朝宮史·宮殿一》記載：

天安門外，東為長安左門，西為長安右門，重建於公元一七五四年，至公元一七六〇年竣工，又增築長安左門外圍牆一百五十五丈，長安右門外圍牆一百六十七丈五尺一寸。各設三座門。

《國朝宮史》，是清代宮廷專史，共三十六卷，公元一七四二年時，清代內廷大學士鄂爾泰、張廷玉等奉敕編纂，完稿於公元一八〇六年。全書分為六門，其中訓諭四卷、典禮六卷、宮殿六卷、經費三卷、官制兩卷、書籍十五卷。《國朝宮史》書成之後，向無刻本，只繕錄三部，一部貯乾清宮，一部貯尚書房，一部貯南書房。

這說明當時的天安門廣場，在長安街左、右門外又分別加築了一道圍牆，從而將門外的街道也括入了天安門前廣場之內。

故宮全景

故宮金鑾殿龍椅

北京皇宮在順治、康熙兩朝雖尚屬恢復階段，但其宏偉壯麗與精美絕倫在世界上已堪稱一流。在當時，廣場東側大部分沿用明朝舊制，仍為各部所在，當時叫戶部街。

為了封建統治的需要，清朝在戶部街外側增設了掌制誥、史冊、文翰之事的翰林院，負責對外通商和交涉事物的總理各國事務衙門及太醫院等。

在天安門廣場的西側，清朝採用八旗兵制，不再建立五軍都督府，並把原來的街道改稱前府胡同、右府胡同、左府胡同、中府胡同和後府胡同等。還在明錦衣衛舊址建立了刑部，稱這條街為刑部街，後來，在刑部街上又增設了都察院和大理寺等審案判刑的機關，又稱司法部街。

另外，在長安左門、長安右門有分別通往五府六部的總門兩座，叫做「公生門」，文武官員由此進出宮廷俱奏。

乾隆年間，清朝在公生門兩邊加築圍牆，東西折向北轉接皇城牆，又在新加圍牆東西端各闢一門，門三闕，分別稱東三座門、西三座門。後來，公生門和東、西三座門及內裡的五府六部陸續拆除。

清朝末年，天安門遭到嚴重破壞。後來，荒涼破敗的天安門城樓歷經它歷史上最大兩次大規模的修繕，由原來的高三十三點八七公尺變成了三十四點七公尺。整個天安門古建築群，從天安門到外金水橋至天安門廣場，全部建築煥然一新，呈現出一派勃勃生機。

在天安門城樓大殿內，在十根紅色廊柱中間，懸掛上了八個紅色的大宮燈。每個宮燈高二點二三公尺，周長八點零五公尺，直徑二點二五公尺，重達八十公斤，簡直碩大無比，每一盞至少三個大人才能環抱過來，在當年堪稱有史以來最大的宮燈。

■雪中建築美景

　　天安門城樓的中廳懸掛了一幅高二點六公尺、寬五點八公尺的《江山永泰》圖。該以奇特的構思、濃烈的筆墨和粗獷的線條，勾勒出一幅巍峨雄渾的泰山圖。畫家借泰山謳歌和諧盛世。

■天安門夜景

在天安門城樓東西兩側，各有七個紅色的觀禮台，觀禮台前東西各築有花壇。在天安門城樓的前方近處是兩座大觀禮台，每座長九十五公尺，寬十二公尺，各有六個小區。觀禮台呈北高南低傾斜式，內有梯形台階，總容量為兩萬多人。

【閱讀連結】

據史料記載，清初摘下了「承天之門」的匾額，掛上了刻有滿、漢、蒙三種文字的「天安之門」的匾額。

此後，「天安之門」匾額上的三種文字又被改成了滿、漢兩種文字，而且「之」字被去掉，「天安門」三字為漢字楷書，其字體也相應擴大，幾乎增大了一倍。

後來，匾額上的字體又幾經變化；再後來，其木匾都再未更換過，只是匾額上的滿文被除掉，只剩下漢字書寫的「天安門」三字。

▎歷史上天安門的顯赫地位

天安門一直是明清兩代王朝身分和皇權的象徵，當時的天安門對於庶民百姓來說，簡直就是拒人千里之外的禁區，哪怕是探頭一看，也是「私窺宮門」的重罪。

明清兩代時，天安門是皇帝頒布最為重要的詔令，也稱「金鳳頒詔」的地方。如皇帝登基、冊封皇后等重大國家慶典活動，皇帝都要在天安門舉行「金鳳頒詔」儀式。據清代史書《日下舊聞考》記載：

■ 天安門前的金水橋

「凡國家大慶，覃恩，宣詔書於門樓上，由垛口正中，承以朵雲，設金鳳銜而下焉。」

　　就是說，皇帝發布的重大命令，就是書面的詔書，要在天安門上進行一套隆重繁瑣的儀式，才能向全國各地頒發。這表明天安門在封建統治者心目中具有顯赫的政治地位。

故宮內部陳設

在進行頒詔儀式時，工部要預先在天安門正中垛口備有黃案的宣詔台，並準備好「金鳳朵雲」，就是漆成金黃色的木雕鳳凰和雕成雲朵狀的木盤。

垛口，是城牆上矮牆向前方突起的部分，可用來作為守禦城牆者在反擊攻城時的掩蔽之用，一般垛口數十公分至數公尺都有。垛口一般砌築成矩形，垛口上部砌有一個小方洞即瞭望洞，其左右側面磚呈內外八字形，它的下部有一個小方洞，是弓箭的射孔。

奉詔官和宣詔員，就是捧接詔書和宣讀詔書的官員等人衣冠楚楚，早已恭候在那裡。

詔書宣讀之前，放在太和殿黃案上，皇帝蓋上御璽後，經過一套繁瑣的禮儀，由禮部尚書用雲盤承接詔書，捧出太和殿，暫放到午門外的龍亭裡，然後在鼓樂儀仗的引導下抬到天安門城樓上，再將詔書放在宣詔台的黃案上。

宣詔官登台面西而立，宣讀詔書。這時，只見天安門下金水橋南，文武百官和吉老按官位序列依次面北而行三跪九拜大禮。

宣詔官讀完詔書，由奉詔官把詔書捲起，銜放在木雕的金鳳嘴裡，再用彩繩懸吊「金鳳」從天安門垛口正中徐徐放下。城樓下早有禮部官員雙手捧著「朵雲」等在那裡，這樣，「金鳳」嘴中的詔書也就落在「雲盤」中了，此舉稱為「雲盤接詔」。

太和殿龍椅

　　禮部官員接詔後，詔書仍要放回天安門前的龍亭內，然後由黃蓋，就是黃色傘蓋、儀仗和鼓樂為前導，浩浩蕩蕩抬出大清門，送往禮部衙門。

　　這時，禮部尚書早已從長安左門快步回到禮部衙署門前跪迎詔書，之後還將詔書恭放在大堂內，行三跪九叩禮。隨後，用黃紙謄寫若干分，分送各地，頒告天下。

　　天安門還是「金殿傳臚」的地方。明清時代，盛行科舉制度。科舉有「鄉試、會試、殿試」三種。殿試又稱御試、廷試，是由皇帝親自主持在太和殿前進行的屬國家最高一級的國家考試，是封建統治者選拔人才和籠絡知識分子，維護其統治的一種手段。

　　明初「殿試」，曾在承天門南金水橋畔設案考試，後移至太和殿。清朝在保和殿。這種考試每三年進行一次，時間一般在春季農曆三月。

　　明清時期的科舉考試十分嚴格，進京應考的舉人，首先要集中在大清門內東側千步廊朝房，經禮部會試，考中後為貢士，又稱為「中式進士」。只有取得貢士資格才能進宮參加殿試。

　　殿試由皇帝親自出題，考卷的成績，由閱卷大臣打分，獲得前十名的考卷，皇帝還要親自過目，考中的被賜予進士。列第一甲第一名者稱為「狀元」，列第一甲第二名叫「榜眼」，列第一甲第三名的是「探花」。

　　殿試兩天後，皇帝召見了新考中的進士。考取的進士身著公服，頭戴三枝九葉冠，恭立天安門前聽候傳呼，然後與王公百官一起進太和殿分列左右，肅立恭聽宣讀考取進士的姓名、名次。這就是「金殿傳臚」。「臚」有陳列的意思，「傳臚」就是依次唱名傳呼，進殿晉見皇帝。

　　考中的進士被皇帝召見後，禮部官員捧著「欽定」的寫有進士姓名、名次的「黃榜」，先放到午門前的龍亭裡，再由鼓樂儀仗前導，抬出天安門，出長安左門，張掛在臨時搭起的龍棚裡，就是後來的南池子南口迤西紅牆處，由名列榜前的新科狀元率諸進士看榜。

莊重肅穆的天安門

三天後，「黃榜」收回內閣封存。而後，順天府尹，就是北京的地方官給新中狀元、榜眼和探花者插金花，披上大紅綵綢，用儀仗接到城北順大府衙門裡飲宴，以謝皇恩。完畢，狀元授翰林院修撰，榜眼、探花授翰林院編修。

醉心於仕途的士子們，一旦「黃榜」題名，便身價百倍，因此當時人們把中進士比作「鯉魚跳龍門」，把天安門前的長安左門稱作「龍門」。

明清時期，除了在天安門舉行「金鳳頒詔」、「金殿傳臚」等活動外，還有皇帝每年要到天壇、地壇祭天祭地，皇帝御駕親征和大將出征在天安門前祭路祭旗，出征凱旋「獻俘」、「受俘」，遇有皇帝登基、大婚等重大慶典，也都要啟用天安門，以顯帝國威風。

天安門地位至尊，即使皇帝出入也是有限，嬪妃伕役更是絕對禁止出入；但也有例外，就是皇帝大婚時，新婚皇后可以由天安門抬進後宮。

皇帝大婚可不是小事，也有一套繁瑣的程式。要先派使者到女家行聘禮，再迎新皇后，由大清門入天安門進後宮。這是封建等級制度的體現。這種帝王獨尊的現象，甚至連皇帝的父母能否從天安門通過都會引起爭議。

明嘉靖年間，明世宗朱厚熜的母親要去太廟祭祖先，在從何門進入的問題上，禮部的官員們就此引起了一場爭論。

明世宗（公元一五〇七年至一五六六年）即朱厚熜，是明代實際執政時間最久的皇帝，在位四十五年。他早期整頓朝綱、減輕賦役，對外抗擊倭寇，朝政為之一新，史稱「中興時期」。

禮部的官員們最初決定由東安門進入，但當時的禮部尚書張璁直言勸說眾臣：

「即使是貴為天子，也是有母親的，怎麼能讓皇帝的母親從旁門過去呢？」

最後，禮部官員們議定，改由大清門入天安門去太廟。天安門是進喜不進喪的地方，就連皇帝的靈柩都不能從天安門出入。

故宮太廟

明代時，「廷仗」和「獻俘」的地方，均在天安門的後邊，午門的前面。但清朝一般不再用「廷杖」的刑罰。

「廷杖」，是對朝中的官吏實行的一種懲罰。皇帝倡導文武百官以至平民百姓上書「進諫」，但如果冒犯了皇帝的尊嚴，使得龍顏大怒，就要在午門前罰跪、挨棍，這叫做「廷杖」。

「獻俘」始於清朝。凱旋的軍隊將士為顯示戰果，要在午門前舉行「獻俘禮」。儀式前一天，兵部官員牽引著戰俘，自長安右門入內，押至太廟、社稷壇祭祀。此舉被稱為「獻俘」。

據《午門獻俘圖》記載：「次日，皇帝登午門樓受俘。門樓正中設御座，簷下張黃蓋。各種儀仗、法駕、鹵簿陳設在闕門左右，御輦、仗馬、護朝寶象、大樂排列停當。」

當日清晨，眾王公大臣，身穿朝服雲集午門前，俘虜們此刻也被押至此地。身穿袞龍服的皇帝在鼓樂聲起、三呼「萬歲」聲中，至午門城樓御位上降旨，對俘虜進行發落，若恩赦不誅，則宣旨釋俘，眾戰俘叩頭謝恩。此景稱為「受俘」。

乾隆皇帝還曾於公元一七五五年作〈午門受俘〉詩一首，十分形象地描述了在受俘禮上乾隆皇帝的愜意心情，和期望皇朝永固的思想。

【閱讀連結】

據說，公元一八四四年，道光皇帝親御太和殿召見新科狀元等人。不料這天傳臚唱名時，獲得這一年第一甲第一名的武進士徐開業，與第一甲第三名的武進士梅萬清沒按時到班，說因天安門關門未開誤了點卯。

但事有湊巧，與他們同住一區的第一甲第二名秦鐘英等人，卻均由天安門關門入宮，可見徐、梅二人理由欠妥。按大清律典，延誤到班要被斥革。

後來，因皇上發惻隱之心，念二人係草茅新進之人，保全了二人的武進士頭銜，允許再參加下一屆的會試，這一年的新科狀元就由秦鐘英替補。

京都國門──正陽門城樓

「正陽門」俗名「前門」，原名「麗正門」，座落在北京天安門廣場的南端，處於老北京城的南北中軸線上。

正陽門始建於元代，因形式比較獨特，一直被看成是老北京的象徵。

在京師諸門中，正陽門規制最為隆崇，它集城樓、箭樓、甕城和閘樓為一體，是一座完整的古代防禦性建築體系。其城樓和箭樓規模宏麗，形制高大，甕城氣勢雄渾，為古代北京城垣建築的代表之作。

▎元朝時期始建麗正門

十三世紀中期，蒙古族建立的元朝統一了全國。公元一二六七年，元世祖孛兒只斤·忽必烈為了「南臨中土，控御四方」，遷都燕京，即後來的北京，並大興土木建設元大都。

歷時九年，元大都的城垣及宮室建設終於完成，全城共建了十一座城門。據元代史事札記《輟耕錄》記載：

「城之正南曰麗正，左曰文明，右曰順承，正東曰崇仁，東之南曰齊化，東之北曰光熙，正西曰和義，西之南曰平則，西之北曰肅清，北之西曰健德，北之東曰安貞。」

正陽門前身麗正門碑刻

老北京正陽門景象

元朝大都城的南垣，位於後來的東西長安街一線上。作為元大都的南城垣正門，當時的麗正門就座落在後來天安門略前的位置。

在當時，從城南麗正門起，穿過皇城的靈星門、宮城的崇天門和厚載門，經萬寧橋到中心閣這條南北走向的直線，就是元代大都城的中軸線。而宮城的主體建築，都是按照這條中軸線對稱展開的。

實際上，作為後來正陽門的前身麗正門，始建之際便確定了「宅中定位」、「仰拱宸居」、「昭示萬邦」的地位。

而「麗正」之名，則取自《周易·離卦》：

「離，麗也。日月麗乎天，百穀草木麗乎土，重明以麗乎正，乃化天下」之意。

《周易》，也稱為《易經》或《易》，是中國傳統思想文化中自然哲學與倫理實踐的根源，也是中國關於占卜術最古老的著作，對中國文化產生了巨大的影響。據說是由伏羲氏與周文王根據《河圖》、《洛書》演繹，加以總結概括而來，是華夏智慧與文明的結晶，被譽為「群經之首，大道之源」。

正陽門城樓

「麗正門當千步街，九重深處五雲開。

雞人三唱萬官集，應制須迎學士來。」

這是元代文人歐陽原功，寫的與元代的麗正門方位有關的詩；而當時的另一位史地學者熊夢祥，在其史地專著《析津志》一書中，不僅明確地記述

了麗正門的方位，而且還敘述了相關的禮儀制度，即麗正門闢三門，中門唯車駕巡幸郊祀，方得開啟之制：

「崇天門。正南出周橋，靈星三門外分三道。中千步廊街，出麗正門，門有三，正中唯車駕行幸郊壇則開；西一門，亦不開，止東一門，以通車馬往來。」

《析津志》，是元代文人熊夢祥撰。元大都舊稱為析津。本書為最早記述今北京地區的專門志書，是研究這一地區地理、歷史的寶貴資料。書中對元大都的城池、坊巷、官署、廟宇、人物、風俗和學校等都有較詳細的記載。

元大都的城門是公元一二六七年至一二七六年期間一體修建。麗正門的建築技術受到唐宋兩代，特別是宋代的影響較大。

麗正門的地基非常堅固，城門的支撐和過梁都為木結構，門洞口為梯形，門樓簷脊均飾蓋以精美的琉璃瓦。

麗正門宅中定位、經緯四通和直達南城的環境優勢，在元代初期，便形成了大都城一處繁華的商貿區。《析津志》一書，曾記元世祖封賜麗正門第三橋南一樹為「獨樹將軍」，並敘述了該處商賈及其遊人的盛況：

「世皇建都之時，問於劉太保秉中定大內方向。秉中以今麗正門外第三橋南一樹為向以對，上制可。遂封為獨樹將軍，賜以金牌。」

每元會聖節及元宵三夕，於樹身懸掛諸色花燈於上，高低照耀，遠望若火龍下降。樹旁諸市人數，發賣諸般米甜食、餅糕、棗麵糕之屬，酒肉茶湯無不精備，遊人至此忘返。

古香古色的正陽門城樓

正陽門箭樓前的石獅

　　元代的大都當初沒有建甕城和箭樓，所以麗正門當時只是城樓一座，這種情形一直持續到公元一三五九年。當時，元代政權風雨飄搖。為守住大都，當年十月，元順帝「詔京師十一門皆築甕城，造吊橋」。

　　元順帝（公元一三二〇年至一三七〇年），即孛兒只斤·妥懽帖睦爾，是蒙古帝國可汗，汗號「烏哈噶圖可汗」，元朝第十一位皇帝，也是元朝的最

後一位皇帝。明太祖朱元璋率軍攻打大都時，因其沒有進行大規模的抵抗，而是先後逃往上都和應昌，明代史官認為他順應天意，故史稱他為「元順帝」。

於是，元帝國在各路農民軍大兵壓境的情況下，在不適於建築施工的冬月低溫的環境中，倉促完成了包括麗正門在內的十一座城門的樓鋪之制。

公元一三六八年，明代攻陷元大都後，明太祖朱元璋詔改元大都為北平府。為抵禦北逃的元蒙貴族捲土重來，由明代開國大將華雲龍新築城垣，防衛元大都。

這次修築北平城，主要為加強軍事防禦，除將舊城北垣南縮五里以及廢東垣、西垣北側之門外，一切均沿襲元朝大都的舊制，沒有什麼變化。

據成書於公元一三七六年的明代史志《洪武北平圖經志書》，對明初北平府的城牆和城門的記述：

「舊土城一座，周圍六十里，克復後以城圍太廣，乃減其東西迤北之半，創包辦磚甓，周圍四十里。其東南西三面各高三丈有餘，上闊二丈；北面高四丈有奇，闊五丈。濠池各深闊不等，深至一丈有奇。城為門九：南三門，正南曰麗正，左曰文明，右曰順承；北二門，左曰安定，右曰德勝；東二門，東南曰齊化，東北曰崇仁；西二門，西南曰平則，西北曰和義。各門仍建月城外門十座。」

正陽門甕城

　　由此可知，在明代開國大將華雲龍縮築舊城之後，北平城曾在土城垣的基礎上，加甕過磚石，並對月城，就是甕城、外門、箭樓等建築有過修繕和添建。各城樓均在甕城外門上築箭樓，周圍都使用了磚石包甕。但其中的麗正門甕城比諸門多建了一門。

　　公元一四〇二年，麗正門在元大都舊址移建新址，就是後來的正陽門所在地後仍稱名「麗正門」，此名先後歷經了明代永樂、洪熙和宣德三朝計十六年。

　　公元一四〇三年正月，明成祖朱棣詔改北平為北京，暫稱「行在」，並從公元一四〇六年開始營建北京的宮殿和城垣。當時的北京南城垣，仍然沿襲元大都舊制，位於後來的長安街稍南一線上。

雄偉高聳的正陽門城樓

　　為把五府六部都擺在皇城前面，明成祖朱棣在營修皇城時便將南城垣南移了上千公尺，即在後來的正陽、宣武和崇文三門的平行線上。這次移建和增築，於公元一四二一年正月告成。其中，原來大都城與北平府的麗正、順承和文明三門隨南垣南移，並仍沿稱舊名。

明朝在定都北京後，對北京城垣的修繕和移建工程又進行了十餘年，東南西三面總計新築城牆約九公里，又在全城外側加甕磚石，並改西垣的「和義門」為「西直門」，東垣之「崇仁門」為「東直門」。

當時，在京城周圍約二十公里的距離，共建有九門：南邊的城門名叫「麗正」、「文明」和「順承」，東邊的城門名叫「齊化」和「東直」，西邊的城門名叫「平則」和「西直」，北邊的城門名叫「安定」和「德勝」。

在永樂年間修建的北京諸門，除移位新建的麗正、順承、文明三門外，其餘六門都沿襲了元大都城舊制，設有城樓、箭樓與甕城。

公元一四三六年，繼位不到一年的明英宗朱祁鎮，利用前朝所積資材，又對北京城垣進行了大規模的修建，他「命太監阮安、都督同知沈青、少保工部尚書吳中，率數萬人修築京師九門城樓。」工程進行了三年多，直至公元一四三九年方告完成：

「京師門樓，城壕，橋閘完。正陽門正樓一，月城中左右樓各一；崇文、宣武、朝陽、阜成、東直、西直、安定、德勝八門各一，月城樓一。各門外立牌接。城四隅立角樓。又深其濠，兩涯悉璧以磚石。九門舊有木橋，今悉撤之，易以石。兩橋之間各有水閘。濠水自城西北隅，環城自東，歷九橋九閘，從城東南隅流出太通橋而去。」

在這次北京城垣和城門的大規模修建中，明朝不僅完善了各門的「樓鋪之制」，而且還將「麗正門」、「文明門」、「順承門」、「齊化門」和「平則門」五座城門分別更名為「正陽門」、「崇文門」、「宣武門」、「朝陽門」和「阜成門」，其餘四門則仍然使用原來的名字。

【閱讀連結】

傳說，在修建正陽門的箭樓時，明成祖朱棣曾經前去視察，發現正陽門箭樓的樓頂並沒有他所期望的那樣高大壯觀後，龍顏大怒，他限工匠們在一個月內將樓頂改建得高大氣派，否則予以治罪。期限就要臨近了，殫思竭慮卻無計可施的工匠們惶恐無比。

有一天，有一個衣衫襤褸的老木匠前去乞求工匠們為他的鹹菜加點鹽。此後數日，老木匠不斷地去乞求工匠們給他的鹹菜添「鹽」。

　　工匠們因此受到啟發，為正陽門箭樓的樓頂添加了一周飛簷，使得箭樓的樓頂變得高大華貴，整個正陽門箭樓也顯得巍峨壯麗。一月後，明成祖再去時，驚為神來之筆，不禁「龍顏大悅」。

■明朝時正陽門日臻完善

　　在明朝正統年間，重建完成後的京師九門中，以「正陽門」的形制最為隆崇，不僅箭樓設門，在甕城左右也都設了門，並在還在其左右門上加蓋了闡樓，而其他諸門甕城內則只設一門。

■正陽門外景

　　至此，正陽門作為京都正門，可謂名實相符了。在它的名字中，「正」代表了它是京城的正門，而「陽」則是天之大數代表了皇帝，因為「日為眾陽之宗」，古代以為人君之象，因係「國門」，又在北京城的中軸線上，正對宮城，故命名「正陽門」。

正陽門

公元一五五三年，為抵禦蒙古俺答汗部不時對京師的襲掠，保護正陽、崇文和宣武三關廂之民，明世宗朱厚熜又詔令修築了外城。

明朝時期的北京諸城經過洪武、永樂、正統和嘉靖四代近兩百年的改建增築，規整壯觀，形制完備，最終形成了「裡九外七皇城四」：即內城九門，外城七門，皇城四門，共二十門的格局。

而正陽門以宅中定位的優勢，與崇樓巍峨，雄視八表、籍壯觀瞻的國門地位，一直領秀京師諸門。在當時，正陽門不僅修築了甕城、箭樓、東西閘樓，並疏濬城壕、建造石橋和牌樓，形成了「四門、三橋和五牌樓」的格局。

牌樓，又叫牌坊，是中國封建社會為表彰功勛、科第、德政以及忠孝節義所立的柱門形構築物，一般較高大，主要有木、石、木石、磚木和琉璃幾種，多設於要道口。也有宮觀寺廟以牌坊作為山門，還有用來標明地名的。牌坊也是祠堂的附屬建築物，昭示家族先人的高尚美德和豐功偉績，兼有祭祖的功能。

正陽門在磚砌城台上建有兩層城樓，占地三千多平方公尺，城台上窄下寬，有明顯收分，寬九十五公尺，厚約三十一公尺，高約十四公尺，城台南北上沿各有一點二公尺高的宇牆。城台正中闢有券拱門，五伏五券，內券高九公尺，寬七公尺，外券高六公尺，寬六公尺，門內設千斤閘。

正陽門城樓為灰筒瓦綠琉璃剪邊，重簷歇山式三滴水結構。樓脊飾龍頭獸吻，每面有簷柱、老簷柱和金柱三層柱子，朱紅梁柱，金花彩繪。城樓的樓上、樓下四面均設有門。

在城樓兩端，沿城牆內側設有斜坡馬道以通上下，通面寬七間四十一公尺，進深三間二十一公尺。城樓外側重簷以上懸掛木質大門匾。

城樓的樓身寬三十六公尺多，深十六公尺多，高二十七公尺多。上下均有迴廊。上層前後裝菱花格隔扇門窗，下層為朱紅磚牆，明間及兩側正面各有實榻大門一座。整座城樓的整體高度為四十二公尺，為古代北京所有城門中最高大的一座，也是古代北京全城最高大的一座建築。

■莊重巍峨的正陽門城樓

正陽門箭樓位於正陽門城樓的正南方，是最能體現中國古代軍事防禦思想和技術水準的代表性建築，為一磚砌堡壘式建築，雄踞於磚砌城台之上，占地兩千一百四十七平方公尺。城台高約十二公尺，上窄下寬，也有明顯收分。

　　門洞為五伏五券拱券式，內設「千斤閘」，南側寬十公尺，北側寬十二公尺多。開在城台正中的中門，與城門相對，是內城九門中唯一箭樓開門洞的城門，專供龍車鳳輦通行。

　　當皇帝去天壇「祭天」，或去先農壇「親耕」時，「御駕」都由此出入。平常時，正陽門箭樓及其東閘樓下的城門關閉，百姓要經甕城東西兩個門洞才能自由出入。

正陽門側面

　　箭樓上下四層，樓頂為灰筒綠琉璃剪邊、重簷歇山式，飾綠琉璃脊獸。南、東、西三面闢箭窗，以作對外防禦射擊之用，南面四層，每層十三孔，東、西各四層，每層四孔，連抱廈兩孔，共闢八十六孔。

　　箭樓的結構為前樓後廈，面寬七間，寬六十二公尺，進深二十公尺；北出抱廈廊座，面寬五間，寬四十二公尺，進深十二公尺，門兩重，前為古老的吊落式閘門「千斤閘」，後為對開鐵葉大門。

正陽門近景

　　整座箭樓通高三十五公尺多，在明代及後來的清代北京城垣的箭樓中，唯正陽門箭樓闢門，亦最為高大雄偉。由於它的形式比較獨特，一直被看成是老北京的象徵。

　　在箭樓與城門樓之間有一座巨大的甕城。甕城是為了加強對城門的保護而設立，用以消除城防的死角，加大敵人的攻打難度。

　　歷史上，北京內城曾多次遭到進攻，如後金軍隊和蒙古族俺答汗和部落的圍攻，以及後來清代時的八國聯軍，因正陽門的城池堅厚，除八國聯軍之役外，在其他圍城戰中均未曾被強行攻破過。

　　甕城為長方形，南北長一百零八公尺，東西寬八十八，東北和西北兩內角為直角，東南和西南兩外角為抹角，甕城將城垣、城門樓、箭樓和兩座閘樓連接起來。甕城城垣與城牆高度相同，高約十一公尺，略窄些，內為土牆心外甃大城磚。上頂甬道海墁城磚，外側築雉堞，內側築女兒牆，內有空場。

　　甕城東西兩側建有閘樓，閘樓面寬三間，灰筒瓦綠琉璃瓦剪邊，歇山小式屋頂，外側闢箭窗兩排共十二孔。閘樓下開券門，以通行人，門內也有千

斤閘。南端呈弧形抹角，箭樓座落在頂端，甕城的四個方向各開有拱券式門洞一座，東、西、南為吊落式閘門。

北門在宏偉的城樓之下，南門在高大的箭樓之下，東西兩門則在甕城東西正中的閘樓之下。平時箭樓及東閘樓下的城門關閉，百姓出入時要繞行到西閘樓下券門。

正陽門箭樓側面

在明代時，北京內城九門外均有一座跨越護城河的石橋，但唯獨正陽門外並列有三座橋，稱「正陽橋」。正陽橋外是油漆彩畫、木結構的五牌樓。正陽橋東側燕尾石堤上的鎮水石獸。石獸位於石基上，頭探向河中，身披鱗甲，四肢粗壯，雕工精細，造型生動，栩栩如生。

護城河，也稱作「濠」，中國古時的人們為了防止敵人或動物入侵，由人工挖鑿的一條環繞整座城、皇宮和寺院等主要建築的河，它具有防禦作用，護城河內沿岸築有「壕牆」一道，外有壕塹，內為夾道，大大提高了護城河的防禦作戰能力。中國的護城河，以湖北襄陽護城河寬度為最。

正陽門箭樓一角

中國古代的城門，設施繁雜，作為城市防禦設施除前文所述的城樓、箭樓、甕城、護城河、石橋外，還包括雉堞、登城馬道和鋪舍等，正陽門也不例外。

雉堞和女兒牆，是沿城垣上頂內外修築的矮垣牆。雉堞位於城垣頂外側，築為齒狀，起盾牌作用，以保護守城者免遭敵人攻擊；女兒牆亦稱女牆，為城垣頂內側修築的矮垣牆，作用是攔擋守城者，免於摔下。

古代北京的內城雉堞高為一點九公尺，寬為一點五公尺，厚為零點七五公尺，其間距在零點五公尺至零點八公尺之間；外牆雉堞高一點三公尺，寬約一點二公尺，厚為零點五公尺左右，其間距在零點五公尺左右，內外城共有雉堞兩萬零七百多個。雉堞都是用白灰漿、大城磚砌成。平頂，四側四棱見角，非常牢固。

女兒牆高約一點二公尺，厚約零點七五公尺，以白灰漿、大城磚沿城垣形制砌成，上頂一般砌成饅頭頂或是泥鰍背頂。正陽門與內城其他八門一樣，城台外側建雉堞，內側建女牆，規制亦與城垣相同。

■正陽門箭樓全景

　　馬道，是供守城部隊上下城用的專用斜道，它附貼在城牆內側的牆體上，坡度約十五度至三十度之間，馬道寬約四五公尺，斜道外側砌築一道矮牆，每對馬道呈內八字形或外八字形，從左右兩條馬道都可以到達城頂。

　　正陽門設有馬道兩條，均在甕城內緊貼城垣內壁而築，分別通向城樓與箭樓。鋪舍是建在城垣頂上，為硬山式，面寬三間，進深一間，為駐軍的值班房，供守城兵士休息或堆放守城武器等物之用，明代稱「鋪舍房」，清代稱為「堆撥房」。

【閱讀連結】

　　傳說，古代北京城曾經在明清時代流行一種「走橋」與「摸釘」的民俗。

　　每逢農曆正月十五之夜，當時的許多年輕婦女都要去正陽門「走橋」。所謂「走橋」，其實就是說婦女在當日夜晚結伴行遊街市，凡在正陽門有橋處相扶而過，就能「消百病」，又叫「走百病」，能夠長壽。

所謂「摸釘」，就是說，年輕婦女們在「走百病」經過正陽門時，必須用手摸門上的銅釘，這樣可以生個男孩。

　　關於「走橋」與「摸釘」之說，雖是迷信，但也無不寄託了當時北京民眾對美好生活的嚮往。

▌正陽門甕城內的兩座小廟

　　公元一六一〇年，正陽門箭樓不慎失火，大火從傍晚一直燒到次日辰時。箭樓被毀後，朝廷隨即開始重建。明朝北京內城的各個城門都是由太監監管，修繕箭樓的事情當然也由太監主持了。

■ 正陽門甕城

　　當時，太監們為了從這項工程中多撈點銀子，就把修繕的預算定為十三萬兩白銀。而當時負責營造工程的衙門工程官員營繕司郎中陳嘉言，卻為人正直，不貪錢財，認為所作的預算過大，堅持削減開支，最後只用了三萬多兩銀子便將箭樓修復。

正陽門箭樓側景

據史料記載，正陽門內甕城西側的關帝廟就建於這一期間。明代文人沈榜的《宛署雜記》記載：當時，北京僅著名的關帝廟就有五十一處之多，而北京內城各城門的甕城內都有關帝廟，寓意其負有保護國都的責任。

關帝（約公元一六〇年至二二〇年），即三國時期蜀漢名將關羽，又名關雲長，深受蜀王劉備信任。關羽之勇、威震華夏。關羽兵敗被害後，其忠義形象逐漸被神化，他歷來被民間祭祀，尊為「關公」；清代時，他被奉為「忠義神武靈佑仁勇威顯關聖大帝」，簡稱「關帝」，後崇為「武聖」，與「文聖」孔子齊名。

其中，最著名的關帝廟當屬正陽門的關帝廟。關帝廟前面有雕刻精細的漢白玉石馬。有史記載：「殿祀精嚴，朱楹黃覆，綺櫳金龕，中奉聖祖御書，額為『忠義』兩字。西廡下有明董文敏焦太史所撰碑記，傳為二絕。」

廟中立有一塊石碑，碑文由明代著名學者焦竑著文，明代著名書畫家董其昌書寫：

「蒸哉文皇，幽燕啟土。侯呵護之，如棟斯礎。」

碑文所指的是，當年明成祖朱棣皇帝親率大軍征討蒙古作戰時朦朧沙霧中，有一神為前驅，「其中袍刀杖，貌色髯影，果然關公也，獨所跨白馬」。

而且北京城也有傳聞：每天早晨，果見有一匹白馬立於正陽門關帝廟前不食不動，氣喘吁吁汗流不止，直至明成祖朱棣勝利回師北京後，才消失。

　　因此有臣上奏明成祖，此馬乃關公助戰時所乘的白馬。明成祖朱棣聞聽大喜，就降旨在正陽門關帝廟前修築石馬隆重祭祀。

　　在明朝時，自明成祖將祭祀關聖載入皇家《祀典》後，朝廷每年都有祭祀活動，皇帝除在去天壇、先農壇路過正陽門必駐足關帝廟上香祭祀外，每年農曆五月十三，民間傳說的關老爺磨刀日，朝廷也必派大員前去祭祀這位蜀漢前將軍。

　　凡國家遭遇巨大災難時，朝廷也要到關帝廟舉行祭祀儀式。這座關帝廟因地處國門，位置特別顯赫，就連當時的外國使節去紫禁城朝謁出來，也都要到關帝廟祭祀一番。

　　公元一六一五年，明朝因災舉行過一次隆重的祭祀活動。祭祀當日，皇帝派司禮監太監李恩齊，手捧帝王服飾九旒冠、玉帶、龍袍和賜封「關聖三界伏魔大帝、神威遠震天尊關聖帝君」的金牌，在正陽門關帝廟建醮三日，頒告天下。致使正陽門關帝廟的名聲大振。

　　司禮監，是明朝內廷管理宦官與宮內事務的「十二監」之一，有提督、掌印、秉筆和隨堂等太監組成。提督太監掌督理皇城內一切禮儀。後因明宣宗朱瞻基設置了太監學堂，鼓勵太監識字，凡皇帝口述命令，便均由秉筆太監用硃筆記錄，再交內閣撰擬詔諭並由六部校對頒發，後來司禮監的實權居內閣首輔之上。

　　首輔，是明朝對首席內閣大學士的習稱，也稱「首揆」或「元輔」，設置於公元一四〇二年，名義上相當於宰相之職，但無宰相之權。明中期後，大學士又成實際宰相稱「輔臣」，稱首席大學士為「首輔」。嘉靖、隆慶和萬曆初期，首輔、次輔界限嚴格，首輔職權最重，主持大政，權力最大。

　　有史記載：關帝廟當時最大的特色是其關帝神像，他與其他關帝廟中的紅臉關帝像不同，他是「金」面的。

正陽門箭樓夜景

　　傳說，當年明世宗朱厚熜曾在朝廷內庭供奉了一尊金面關帝，後嫌神像太小，便命人重製了一尊供奉；當時，明世宗本來打算要棄掉那尊小神像，但因顧慮其已經受了百年香火，怕丟掉後會有不吉，於是他就將該神像賜給了正陽門的關帝廟。

　　當老百姓得知關帝廟中神像是皇帝御賜後，更加崇拜至誠。每個朔望，香火極盛，求福求壽者，求子嗣者，求功名者，絡繹不絕。

　　後來，明朝在正陽門城樓甕城之內的東側，又增建了一座黃瓦覆頂的名叫「觀音大士廟」的小廟。從此，正陽門內就有了左右相稱的兩座小廟。而這兩座小廟黃頂白碑，樹木參差，灰牆環繞，就像兩個衛兵，護衛著高大巍峨的正陽門城樓。

　　據史料記載，觀音大士廟是崇禎皇帝敕建。它占地一畝餘，佛殿及住房十三間。廟內有佛像十九尊，有碑四塊，石刻兩件。

　　直至清朝定都北京後，清代才對明末被毀或受損的宮殿、城門和祠廟等建築，全力修復。有史料記載，修繕後「關帝廟占地一畝餘，神像十四尊，畫像一幀，神馬一匹，青龍刀三柄，有碑十一座，刻十塊」，其中「大刀」、「關帝畫像」和「白玉石馬」被稱為關帝廟「三寶」。

　　據說，清代皇帝從天壇祭天回宮時，必在廟內拈香，其名望可見一斑。關帝廟不但皇家供奉，百姓燒香，就連京城五金行的買賣人也趨之若鶩。

相傳，關帝廟內供奉的三口大刀，均係清嘉慶年間陝西綏德城守營都司，在前門外打磨廠三元刀鋪定製的真刀，最大的一口刀長兩丈，重兩百公斤，其餘兩口刀，一口重六十公斤，一口重四十公斤。

每年農曆五月十三日，也稱「關雲長單刀赴會日」，關帝廟舉行「磨刀典禮」一次。屆時，廟內都會將三口大刀抬出，由三元刀鋪派工匠將刀磨光，再放回原處。

而此時，到關帝廟參加磨刀觀禮的京城百姓們，從四面八方紛紛趕來，關帝廟前人山人海，水洩不通，熱鬧非凡。除此以外，關帝廟之所以香火旺盛，被世人推崇，是因為「關帝籤」十分「靈驗」。

正陽門城樓箭樓側面遠景圖

傳說，有一個侍郎李若農，參加咸豐己未科會試時，曾在考前來正陽門關帝廟求籤。他求得的籤語是「名在孫山外」。李若農看後很是失望，以為會名落孫山；沒想到發榜時，他竟高中進士。

　　李若農逢人便說，此籤實不靈驗。等到殿試發榜，狀元為孫家鼎，榜眼名孫念祖，李若農得了個探花，實列二孫之後，與籤語相合。因此，李若農嘆服不已。從此，正陽門關帝廟的「關帝籤」有天下第一「靈籤」的消息也不脛而走。

　　當時，民間流傳「靈籤第一推關帝，更向前門洞裡求」，甚至也有皇帝親臨燒香敬奉。每當關帝廟開廟時，廟裡廟外，便坐滿了道士，他們手抱籤筒，接待求籤香客，求財祈福者蜂擁而至。

■正陽門城樓重檐歇山頂

　　根據清史《清實錄》記載，光緒皇帝去關帝廟和觀音廟參拜燒香的次數多達六十四次，遠遠超越了先前皇帝去正陽門廟宇參拜次數的總和。光緒皇帝從公元一八八七年起，到他公元一九〇八年去世為止，他幾乎每年數次前往正陽門的廟宇參拜，其時間跨度長達二十二年。

　　光緒皇帝（公元一八七一年至一九〇八年）即愛新覺羅·載湉，清朝第十一位皇帝。四歲登基，由慈禧和慈安兩宮太后垂簾聽政至十八歲，但此後，慈禧太后仍掌控著實際大權。公元一八九八年，光緒皇帝啟用革新派人士康有為和梁啟超等人維新變法，但最終因慈禧太后為首的保守派反對而失敗。

【閱讀連結】

明朝末年，為抗擊滿清入關，崇禎皇帝朱由檢親設筵席，招待兵部尚書兼薊遼總督洪承疇，授尚方寶劍，命洪承疇北征禦敵；但後來，洪承疇戰敗被俘，投降滿清。

消息傳到京城，眾大臣唯恐崇禎皇帝傷心，就偽奏洪承疇已陣亡。崇禎皇帝信以為真，悲痛欲絕，詔令在正陽門下東側為洪承疇建廟一座，廟中為洪承疇塑像設立牌位。

明朝規定，忠臣死節，最高設九壇祭奠，而洪承疇被破格祭十六壇；但當祭到第九壇的時候，和洪承疇一起隨軍作戰的太監逃回了京城，向崇禎皇帝稟報了實情。

崇禎皇帝一聽龍顏大怒，下令工匠搗毀廟中塑像，砸毀牌位，把小廟改為觀音大士廟。

歷經劫難的正陽門城樓

至清朝入關定都北京，雖然加以「修整壯麗」，但「九門之名，則仍舊焉」。清朝以八旗分居內城，正陽門內東西兩側，分別為正藍、鑲藍兩旗所占。

正陽門箭樓側面

由門內至大清門，就是後來的中華門之間，是著名的棋盤街，在乾隆皇帝時，正陽門一帶已是「周繞以石闌，四圍列肆長廊，百貨雲集一回的商業匯聚之所。」

正陽門甕城舊景

公元一七八〇年，正陽門外的一間鋪面房不慎失火。恰遇大風，火勢迅速蔓延，殃及正陽門箭樓，還同時燒毀了甕城東西月牆的閘樓、官房等設施。

同年重建時，乾隆皇帝命令新換磚石，但負責修建的大臣們仍利用舊券洞修築；結果，不僅箭樓南面新做的箭窗牆面出現鼓起，修成後的門洞也出現內裂。直至乾隆皇帝再次詔令，才總算工程完善。

公元一八四九年，正陽門箭樓又一次被火燒。當時，正值鴉片戰爭後的第十年，朝廷國庫空虛，財力緊張。工部營繕司連修繕所需十一公尺多長的大桅，都無力籌辦。

後來只好「拆東牆補西牆」，把北京西郊暢春園中九經三事殿中的大樑拆下，挪用至正陽門上，正陽門箭樓才終於修復。

公元一九〇〇年，發生了火災，這場火災不僅燒了大柵欄一條街，延燒至千家以上，還殃及了附近的正陽門箭樓，由此而釀出一場清朝「二百年來

未有之奇災」。箭樓作為外樓及正陽門樓的重要部分，當時人在筆記中往往直接以「城樓被火」稱之。

正陽門外樓被焚，在當時人看來，無疑是一場「非常奇災」，因而凡是記載這一火災的史料，無不言及這一細節。詩人也多有記載。清代詩人郭澤淫詩道：

「藥店朝來起火鴉，飛煙橫卷箭樓斜。

銀房寶市繁華最，焦土淒涼剩幾家。」

關於此次正陽門箭樓被火災焚毀的情形，清末學者袁昶曾記載：「延災及正陽門，城樓塌毀」；清代書法家楊典誥則云「懸門墜下，毀及雙扉」，可見大門也被火燒了；此外，據清末學者梁濟的日記，「正陽門城樓已燼」乃是在「晡時」，就是說正陽門城樓被燒毀，大概在下午三時至五時之間。

正陽門當時作為京師內城的正南門，象徵著帝國體統、皇室威嚴的巍峨城樓無疑也是民眾觀瞻之所繫。而一日之間，其箭樓竟半毀於熾焰濃煙之中，幾乎只剩下頹垣焦壁。

■ 綠樹掩映的正陽門城樓

濃縮傳統建築精華的正陽門

　　同年八月十四日，正陽門箭樓首先遭到重創。此後，又因失火，燒毀了正陽門城樓。這次正陽門被毀程度極為嚴重，城樓、箭樓、閘樓、鋪舍等均遭到破壞，焚後僅餘城樓底座及門洞，周圍是一片頹磚斷瓦，狀極淒涼，令人痛心不已。

　　公元一九○二年，清政府派直隸總督袁世凱，和順天府尹陳璧負責籌劃修復。在修復施工中，因所藏的工程檔案經兵火焚掠無存，只好參照與正陽門平行的崇文、宣武兩門的形制，將高度與寬度適當加大，重建了正陽門的城樓與箭樓。

　　正陽門這次重建，歷時最久，直至公元一九○六年才竣工。這次重建後的正陽門箭樓，添建了水泥平座護欄和箭窗的弧形遮簷，月牆斷面增添西洋圖案花飾。

　　此後，正陽門又歷經了數次改建，首先拆除了正陽門的甕城月牆及東西兩座閘樓，後又將正陽門內的關帝廟與觀音廟也一同拆除。

　　後來，正陽門城樓和正陽門箭樓又進行了一次較大規模的改建：在城樓東、西兩側城牆各開闢兩個洞門。箭樓南側增建了懸空眺台、漢白玉抱柱和

欄杆，並在一二層箭窗上方，加飾了水泥製成的白色弧形華蓋。原箭樓沒有匾，改建時，在箭樓門洞上增添了漢文書寫的「正陽門」橫匾。

箭樓下的城牆部分，東西兩側都加寬，並加建欄杆，增建了東、西「之」字形的登城馬道。箭樓北面也拓寬了，形成了用混凝土仿漢白玉欄杆圍起的寬闊平台；另外，這次改建，還在抱廈兩側各增加了四個箭窗，這樣，就使箭窗的數量從原來的八十六個變成了九十四個。

正陽門歷經了五百多年的世事滄桑，最終成為古都北京唯一一座城樓、箭樓均保存完好的城門，代表了老北京的形象。

【閱讀連結】

北京正陽門匾額上的「門」字沒有勾，據說是皇家為了避諱。

相傳，明朝開國之初定都南京後，明太祖朱元璋命一位叫詹希源的書法家題寫門匾。懸掛門匾那天，朱元璋也特意去參加揭匾，儀式非常隆重。可朱元璋揭匾後，一看到那個帶了火勾的「門」字，頓時龍顏大怒。

朱元璋當即命人把那塊匾拆下來砸碎，並傳旨要刑部大堂把詹希源以居心不良之罪斬首示眾。

從此以後，書法家們稱「門」字最後一筆為火勾，誰也不敢再寫帶火勾的「門」字了。因為皇家認為，「門」字帶火勾會勾來火災，會妨礙帝君出行、招賢納才，所以是一種忌諱，誰也不許冒犯。

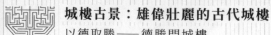

以德取勝——德勝門城樓

德勝門位於北京城北垣西側，是北京內城九座城門之一，原名「健得門」。它是明清時京師通往塞北的重要門戶，可能是出兵征戰之門，素有「軍門」之稱，人們寄語於「德勝」兩字，取「以德取勝」之意。

德勝門始建於元朝，重建於公元一四三七年，已有五百多年的歷史。它是由城樓、箭樓、閘樓、甕城、真武廟和護城河等建築組成，為明清兩代時的群體軍事防禦建築。

▌明朝初年始建德勝門城樓

公元一三六八年八月，明朝大將軍徐達率十萬大軍攻破了元朝的大都城，就是後來的北京。

為紀念明軍「以德取勝」，徐達在元大都「健德門」的廢墟上，重建了一座門洞，更名為「德勝門」，也叫「得勝門」，取「武將疆場奏績，得勝回朝凱旋」之意，以彰軍功之著。後來，「德勝門」也稱「修門」，有「品德高尚」之意。

德勝門古炮台

為防備元軍反撲，守城明軍在大都北城牆南面五里處又建一道土城牆，與原大都城東西城垣相接，作為防止元軍反攻的第二道防線。

公元一三七一年，明朝廢大都北垣，將南面新城垣加固，並於東西兩側各開一城門，東側門叫「安定門」，西側門仍叫「德勝門」，兩城門遙相對望。與其他三垣城門多有象徵意義不同，北垣的「德勝門」和「安定門」都實實在在地擔負著京城防禦的重任。

明朝時，德勝門不僅是封建皇都北城的西門，更是通往塞北的重要門戶，素有「軍門」之稱。因德勝門在皇城北垣，北方屬於玄武，而玄武主刀兵，所以，凡有重要戰事，北京城用兵必走德勝門，寓意此次軍隊出征必然得勝。戰爭結束後，軍隊由安定門班師。凱旋之師從德勝門入城。

有史料記載：明成祖朱棣五次發兵征剿元軍殘部，後來的清代康熙皇帝幾次出兵平定噶爾丹叛亂和大小和卓之亂，以及乾隆皇帝出征平定新疆、青海和四川等土司頭人叛亂等戰役，都是從德勝門出兵，每次出征前，大軍都要在德勝門舉行盛大的出征儀式。

在明朝永樂年間，明成祖朱棣詔令改建元大都，並遷都北京。就是這次改建，北京皇城內的九門格局被確定下來。

德勝門側景

　　這九座城門，各有各的用途：皇帝所飲用的玉泉山泉水，給皇帝運水的水車，從西直門出入；給宮廷運煤的煤車出入於阜成門；正陽門出入皇帝祭祀天地的車輦；朝陽門走糧車；東直門通柴車；崇文門進酒車；宣武門出刑車；安定門出戰車。出兵打仗得勝還朝時，要進德勝門。

　　公元一四三六年十月，明英宗朱祁鎮為加強北京都城防務，詔令太監阮安、都督同知沈清和少保工部尚書吳中，率軍數萬人加固北京城四面圍牆，改土築為磚石結構，並重建九門，該工程直至公元一四三九年四月才竣工。

在當時，北京四面的城牆以安定門和德勝門一線最為堅固，其牆基和頂部比其他三面城牆都厚，內外側牆體的包磚也厚得多。不久，歷史上著名的「北京保衛戰」，就發生在德勝門。

在明英宗正統年間，北部蒙古草原上的瓦剌部首領脫歡統一了蒙古諸部。脫歡死後，其子也先做了瓦剌部首領，繼續擴充實力，準備南犯明朝。

也先（？至公元一四五四年），是中國明朝中葉蒙古瓦剌部領袖，在他統治期間瓦剌達到極盛。他向東發展，征服了女真，降服朝鮮，並以明朝拒絕貿易之名進攻明朝，公元一四四九年在土木堡之變一戰中，打敗明軍，俘虜了明英宗並包圍北京城，後圍攻不成，退行並釋回明英宗。後被部下暗殺。

在公元一四四九年七月，瓦剌軍分兵四路南下，也先親率兵士攻打大同，明朝北部邊陲烽火綿延。當時，明英宗在王振的鼓動下「御駕親征」，並由王振監軍。

明英宗一行到達大同後，得到了先頭部隊的戰敗消息，於是王振下令明軍撤退至宣化，並繞路回京。明軍終於在土木堡與瓦剌軍相遇。

明英宗被瓦剌軍俘獲，王振死於亂軍中。瓦剌軍因得到了明英宗這張王牌，就企圖用他要挾明朝作為攻城略地的政治工具。

土木堡慘敗的消息傳到北京，舉朝震動，甚至有人主張遷都南逃。但當時，兵部侍郎于謙由於堅決反對南遷，得到了皇太后的支持，他被任命為兵部尚書，負責保衛北京。

針對當時的危急局面，于謙等人首先擁立了朱祁鈺即位，他就是明景帝；同時，誅除宦黨，平息民憤，初步穩定了明朝政局。

于謙（公元一三九八年至一四五七年），自幼聰穎過人，青年時就寫下了著名詩篇〈石灰吟〉，為官清正廉明，興利除弊，剛正不阿。在土木之變後，擢兵部尚書。力排南遷之議，擊退瓦剌兵，迫也先遣使議和，使明英宗得歸，官至少保。著有《于忠肅集》。

明景帝（公元一四二八年至一四五七年），即明代宗，本名朱祁鈺，明朝第七位皇帝，明英宗朱祁鎮弟，明英宗被蒙古瓦剌軍俘去之後繼位，他重用于謙等人組織北京城保衛戰，打退了瓦剌的入侵。即位後整頓吏制，使吏治為之一新。

修繕後的德勝門

此外，于謙提拔了一些優秀的軍事將領，注意日夜操練軍隊，迅速地提高戰鬥力，並著力調兵遣將，趕造武器，布置兵力，嚴把九門，準備與瓦剌軍決戰於北京城下。北京周圍很快就形成了一個依城為營，以戰為守，內外夾擊的作戰格局。

也先挾明英宗以令明朝廷的陰謀未能得逞，便於當年十月率大軍進犯北京。十月十一日，瓦剌軍抵北京城下，列陣西直門外，把英宗放置在德勝門外空房內。

德勝門舊景

　　于謙派兵迎擊瓦剌軍於彰義門，打敗也先部隊先鋒，奪回被俘者一千多人。同時，于謙又派人率兵夜襲，以疲憊敵軍。

　　十三日，瓦剌軍乘風雨大作，進攻德勝門。于謙命大將石亨在城外民房內埋伏好軍隊，然後派遣小股騎兵佯敗誘敵。也先率主力先鋒進入埋伏圈後，明軍前後夾擊，瓦剌軍受到重大打擊。

　　也先的弟弟孛羅、號稱「鐵頸元帥」的平章卯那孩等等將領，也在這次戰役中中炮身死。在德勝門外與敵人激戰七天七夜，于謙終於大獲全勝凱旋。

當也先發覺明軍主力在德勝門後，隨後又轉戰至西直門進攻明軍，但也被明軍擊退。瓦剌軍不甘失敗，又在彰義門組織進攻，明軍佯裝失利，瓦剌軍追到土城，被潛伏在民居內的明軍火槍手阻擊，死傷無數，無法推進，加上天寒地凍，京師外圍守軍的奮力抵抗。到十一月八日，也先一路狂逃，退出塞外，並遣使進貢，來北京議和。至此，明軍取得了北京保衛戰的全面勝利。

進貢，是指古代時藩屬國對宗主國或臣民對君主呈獻禮品。中國古代帝王朝與周邊少數民族、附屬、附庸國之間的貿易形式，各政權或民族帶來本地區的土產方物進獻給皇帝，謀求政治上的依託與援助，並獲得物質利益。

北京保衛戰的勝利，不僅加強了北京京師部隊的戰鬥力，組成了一支戰鬥力較強的機動兵力，而且使瓦剌軍從此不敢窺視京師；同時，還促進了邊防建設，收復了許多要塞和重鎮，使明王朝的統治進一步的鞏固，而德勝門的箭樓就是在這次戰爭中發揮了軍事上的重要作用。

在北京保衛戰之前，德勝門經大規模地重建後，已經成為了一個由城樓、箭樓、甕城、護城河和石橋等建築構成的完整體系的群體軍事防禦建築，它也因此奠定了後來德勝門的規模。

德勝門鼓樓

德勝門城樓面寬五間，通寬三十一點五公尺；進深三間，通進深十六點八公尺；磚石結構的城台高十二點五公尺，牆體有收分，東西寬約三十九點五公尺。城台北面築有雉堞，俗稱「垛口」。城台兩側有四門大砲。城樓連同城台通高三十六公尺。

一般而言，北京內城的九門都有城樓和箭樓。箭樓下都有門洞和城門，但德勝門箭樓是北京箭樓中唯一沒有門洞和城門的箭樓，它實際上是一座內木外磚的高層建築。

德勝門箭樓在城樓前沿，坐南朝北，雄居於高大的城台上，灰筒瓦綠剪邊，九檁歇山轉角、重簷起脊，屋面蓋青色布瓦，鑲綠色琉璃剪邊。

平面呈「凸」字形，前樓後廈合為一體，三座過梁式門朝南開，箭樓北側為正樓，面寬七間、東西寬通寬三十四公尺、南北寬十二公尺。

箭樓正樓後接廡座五間，四檁單坡頂。外簷用五彩單翹單昂斗栱。大木、裝修和樓板等都用松木製做，角梁和斗栱用柏木製作。

下架柱木、板門等鬆飾紅土油，上簷枋額、角梁和斗栱等繪青綠雅伍墨彩畫，所有大木梁柱都採用纏箍包鑲。南側廡座五間，東西寬二十五公尺，南北寬七點六公尺，進深十九點六公尺，樓高十九點三公尺。

■德勝門箭樓

箭樓的樓身上下分隔成四層。每層橫架都施用承重梁六縫，每層的四周簷柱之間，都用粗巨的枋額串聯起來，構成三道圍箍的全框架結構，具有較好的剛度和整體性。

整個木骨架外面用兩公尺多厚的磚牆圍護起來，封護得十分嚴密，每層都闢有箭窗，共設箭窗八十二個，其中北側四十八個，東西兩側各十七個，供弓弩手瞭望、射箭和藏身。

■ 德勝門箭樓重檐歇山頂

在德勝門箭樓的南面，有一座規模更大的城門樓。城門樓和箭樓之間用城牆連起來，圍出來一個寬七十公尺、深一百一十八公尺的甕城，其規模在內城各城門中僅次於正陽門。甕城東側牆上開一個券頂的大門，門上建閘樓。

城樓、箭樓和甕城共同組成完整、嚴密、堅固的防禦體系。敵人要想攻破城門，必須得先經過箭樓和甕城兩道防線，否則，就會被「甕中捉鱉」。

【閱讀連結】

古時由於科技落後，武器低端，且防禦武器多以弓箭為主，城門就是皇城出入的唯一通道，城門內的箭樓常常是當時苦心經營的防禦重點。

皇城最裡的正門，就是正樓，它與箭樓之間通常用圍牆連接成甕城，是屯兵的地方。在甕城中，有通向城頭的馬道多處，緩上無台階，便於戰馬上下。

城牆四角都有突出城外的角台。除個別角落為圓形外，其他都是方形。角台上修有較敵台更為高大的角樓，更加突出了箭樓在戰爭中的重要地位。

▌德勝門甕城真武廟與護城河

明代在德勝門箭樓甕城的北邊正中，曾建造了一座純正的道家廟宇，名叫「真武廟」。這座廟有些與眾不同，其他城樓的廟宇都是建在城樓的兩側，而這座真武廟卻是建在德勝門箭樓底下的正中間。

■德勝門夜景

「真武」又稱「真武帝」，原本是道教所奉的神，而且他曾經在眾神裡的身分也極為一般。相傳，唐高祖李淵和唐太宗李世民，為了表示他們當時建立的王朝符合天意，就把太上老君李耳奉祀為他們李氏的祖先，說太上老君是他們的始祖。

到了宋朝，宋太祖趙匡胤曾經附會說，他們趙家的始祖是真武大帝，因為真武帝姓趙，叫趙宣朗，而宋王朝也姓趙。

德勝門真武廟景物

　　所以，宋真宗趙恆後來也仿效唐代李淵和李世民奉祀太上老君的做法，詔封真武帝為「真武靈應真君」，並開始全力推崇真武帝，真武大帝的身分一下子提高了許多。

　　宋真宗（公元九六八年至一〇二二年），即趙恆，是宋朝第三位皇帝。公元一〇〇四年，遼入侵，宋朝戰勝了遼國，但因宋真宗懼怕遼的勢力，便訂立了澶淵之盟，每年向遼進貢大量金銀。此後，北宋的統治日益堅固，社會經濟也極為繁榮，史稱「咸平之治」。

　　元朝時候，元成宗孛兒只斤·鐵穆耳又加封真武帝為「光聖仁威玄天上帝」，真武帝從此一躍成為北方地位最高的天神。

　　到了明朝，明成祖朱棣也曾一度抬高真武帝，以借其美化自己。明成祖做皇帝之前是燕王，他是以「清君側」的名義奪取了皇位。

據說，朱棣打仗的四年中幾乎沒有敗仗，一直打到南京奪取了帝位，所以在做了皇上後，把真武神加封為「北極」、「鎮天」、「真武」、「懸天」和「上地」等，並在全國各地，包括皇宮裡都修建了大大小小的真武廟。

　　在德勝門甕城的真武廟中，奉祀有一位頷下三綹長髯、披髮黑衣、腰佩寶劍、腳踏龜蛇的「真武大帝」神像。相傳，當時在德勝門甕城和安定門甕城建真武廟，是因為人們當時覺得讓「真武大帝」看守京城北大門，比關老爺更可靠。

　　真武大帝，又稱玄天上帝、玄武大帝、佑聖真君玄天上帝，全稱真武蕩魔大帝，為道教神仙中赫赫有名的玉京尊神。真武大帝為龍身，降世為伏羲，是中華的祖龍，也稱玄武、玄龍，為盤古之子，曾任第三任天帝，生有炎黃二帝。民間稱蕩魔天尊。

德勝門內古建築

　　當時，德勝門的這座真武廟，比多數城門廟宇都大，廟內的正門兩側各有鐘、鼓樓一座，還有幾間亭閣和道士的住房。

真武廟前的椿樹俊秀挺拔，整個環境十分迷人。樹叢灌木掩映著「之」字形台階和甕城的雉堞。德勝門甕城內景緻秀麗、恬靜宜人，是其他甕城不能企及。

古代的城防體系，有城牆就必有護城河。北京的護城河有上源，有流向，護城河水是流動的，是京城水系的重要組成部分。

因為護城河上建有許多閘、壩，以調節水量，控制流速，所以有時護城河水的流速比較大，相應的該段護城河水深面寬，河流的北側通常還會連著一片大葦塘。

北京北面的護城河，從西向東流經德勝門箭樓西側的松林閘。河水流到箭樓下，衝擊粗壯的橋椿，發出巨大的轟鳴聲。松林閘下水平如鏡，一到台階，河水如脫韁野馬急衝而下，形成德勝門箭樓下一道水景。

那時，德勝門作為「軍門」，守備器械的種類很多，所以城內外兵械商人雲集。在後來的德勝門外冰窖口胡同內，曾經還有一個兵器行會所建的弓箭胡同，又稱「弓箭會館」，相傳該會館當時就是販賣各類弓箭。

在明朝嘉靖和萬曆年間，德勝門曾兩度大修，但格局規模仍然保持原貌。公元一六二八年，清太宗愛新覺羅·皇太極親統大軍征討明朝，太宗一行入洪山口，克遵化城，很快就由薊州直抵北京，駐營城北土城關之東，直抵德勝門。

薊州，是中國古代行政區劃名，唐析幽州置，治漁陽（今天津薊縣），轄境約為今天津薊縣，河北三河、遵化、興隆、玉田、大廠等市縣和唐山市豐潤、豐南區地。金以後西部轄境縮小。明洪武初省漁陽縣入州。清不轄縣。

德勝門後的護城河

後來，清太宗率諸貝勒圍繞北京城探視情況，許多貝勒當即積極請戰攻城，但太宗深思熟慮後才下詔說：「朕仰承天眷，攻城必克。但所慮者倘失我一二良將，即得百城亦不足喜。」

所以，鑒於北京皇城當時城防的嚴密，清軍打消了立即攻城的念頭，移駐南海子，許諾與明王朝議和，並由山海關班師。

公元一六三〇年，清太宗愛新覺羅·皇太極以為攻打北京城的條件已經相當成熟，便再次率兵前往，豈料他在與明軍在德勝門經過一番激戰後最終敗走。

實際上也有史書記載，「德勝」兩字的意思不是打勝仗的「得勝」，主要是說「道德超出別人，表明以德取勝，所以有了這個城門」。

德勝門城樓近側景

在清朝時，德勝門有重兵把守，派章京兩員，驍騎校四員，馬軍兩百名，由正黃旗管轄。清朝士兵們進德勝門時還要高唱「得勝歌」，傳說後來單弦「八角鼓」就是由當時的「得勝歌」演繹而來。

正黃旗，是清朝八旗之一，以旗色純黃而得名，始建於公元一六〇一年，由皇帝親自統領。鑲黃、正黃和正白旗列為上三旗。兵丁人口最多，至清末，下轄九十二個整佐領又兩個半分佐領，約三萬兵丁，總人口約十五萬人。

公元一六七九年，北京大地震，德勝門毀壞嚴重，曾落架重修。在乾隆年間，德勝門曾再度重修，並在甕城內西側立了一通「祈雪御製碑」，人稱「德勝祈雪」。

此碑在北京歷史上非常有名，德勝門除去在歷史上享有軍事要塞的盛譽外，「祈雪御製碑」的碑文因乾隆皇帝親筆書寫，名聲大震，與京城的其他八門爭雄。

公元一七七八年，由於天氣大旱，許多地方顆粒無收。這一年末，乾隆皇帝北行祭明陵時，到德勝門處喜逢大雪紛飛，龍顏大悅，作御詩立「祈雪」碑碣一通，以謝天公作美，並建有黃頂碑樓。碑之高大，令其他諸門的石刻難以比擬，故人稱「德勝祈雪」，或稱「御碑亭」。

御碑，是指碑文由皇帝親自撰寫的碑。在中國的碑刻中，規格最高、最尊貴的要數御碑。這些碑往往建有碑亭加以保護，因此，御碑亭成為一道十分重要的景觀。

德勝門旁的御碑亭

碑刻〈祈雪詩〉詩道：

「春祀還宮內，路經德勝門。文皇緬高祖，渺已實無孫。

力取權弗取，德尊果是尊。微塵郊外有，望雨復心存。」

此外，碑刻還附有乾隆皇帝關於祈雪詩的部分原注，如「春祀還宮內」原註：

「我朝定制，二月朔日坤寧宮大祈神，先期自御園還宮，每年如此。」

「望雨復心存」原註：

「京師立冬，臘雪微沾，今歲上元前一日，得雪不成分寸。今日途間覺有輕塵，雖土脈尚潤，而早已心存望雨矣。」

御碑亭為重簷黃色琉璃瓦所覆，做工特別精細。乾隆皇帝御筆碑文，字跡宛然在目。當時，在北京皇城的各城甕內只有德勝門有石碣，蓋也奇異。

高大的「德勝祈雪」御碑亭、矮矮的花牆、濃密的椿樹和錯落有致的梯子牆，構成了當時德勝門甕城內的一道靚麗的風景。

另外，「德勝祈雪」碑緊靠當年的「同興德」煤棧西側，而當時，「同興德」因生意日益興隆，逢年過節必帶頭去「德勝祈雪」碑亭內擺放供品，以謝皇恩浩蕩。

所以，「德勝祈雪」碑與「阜成梅花」、「崇文鐵龜」、「西直水紋」和「朝陽穀穗」等鎮門之物譽滿京城。往來客商、行旅見此碑無不下馬拜閱。

【閱讀連結】

史料記載：「德勝祈雪」碑為清朝時德勝門甕城內的珍品，當時的乾隆皇帝久旱逢雪，再回憶往昔的崢嶸歲月，禁不住地寫了一首祈雪詩，以抒心中豪情。

在這首祈雪詩中，乾隆皇帝提到了德勝門，但「門」字末筆未帶提勾。因當時有大臣說，這個勾屬「火」筆，容易招來火災；何況，德勝門是清朝軍隊出入的城門，寓有「得勝」之意，且朝廷出兵總希望得勝，絕對不能讓火燒去「勝兆」，因此德勝門匾額中的「門」字末筆，也是直下無勾。

江山永定——永定門城樓

永定門位於左安門和右安門中間,地處北京中軸線上,是北京外城的正門,也是外城七座城門中最大的一座,還是從南部出入京城的通衢要道。

永定門始建於明朝的嘉靖時期。它跨越明、清兩代,寓意「天下一統,江山永定」和「永遠安定」。

永定門由城樓、甕城和箭樓等主要建築組成,採用了重簷歇山三滴水樓閣式建築,並裝飾了琉璃瓦脊獸,它以其雄偉的姿態矗立於北京城的最南端。

▌明朝始建永定門城樓與甕城

公元一四〇三年,在南京稱帝的明成祖朱棣下令,將自己原來做燕王時的封地「北平」升格為「北京」,此為北京得名之始。

公元一四〇六年,朱棣又下令在北京興建皇宮,整修城牆,預備遷都北京。公元一四一九年,為擴展皇宮前方的空間,明朝又將原在長安街一線的南面城牆南移一公里,在正陽門一線重建。

公元一四二一年元旦，朱棣宣布正式遷都至北京。當時的北京城又稱「京城」、「大城」。城內有城門九座，所以後來又名「內九城」，由朝陽門、崇文門、正陽門、宣武門、阜成門、德勝門、安定門、東直門和西直門等組成。

古代官職「九門提督」中的「九門」正是指這九門。北京內城平面輪廓呈正方形，皇城的中軸線南起正陽門，貫穿皇宮，北抵鐘樓。

明代初期國勢強盛，但由於明太祖朱元璋在推翻元朝之際，並未徹底擊潰蒙古軍隊，所以長期遭受北方蒙古的侵襲。為了給蒙古慘痛的教訓，明成祖朱棣先後五次親率大軍北征，因此當時的北京的城防問題尚未凸顯。

可後來，明朝實力逐漸衰落，蒙古軍隊多次趁勢兵臨北京城下。明代嘉靖年間時，有官員建議在北京城外圍增建一圈周長約四十公里的外城，以策北京皇城安全。為了確保北京安全，明世宗朱厚熜決定，在北京城的外圍，增築一道邊長十公里的外城，將原有的北京城包圍在裡邊。

增築外城於公元一五五三年開工，因為當時南郊正陽門外商業密集，又有皇家的天壇和先農壇，所以外城由南面開始建造，然後依次建造東、北、西三面。但是外城開工不久，明世宗憂慮工程浩大，財力不足，耗時過久，於是就派內閣首輔嚴嵩去想辦法。

永定門旁的古城垣

嚴嵩去工程實地考察之後，修改方案為：將原定邊長十公里的南面城牆縮短為六點五公里，其東西兩端向北轉折與原有城牆連接。

因此，原來計劃在北京城外圍增建的「回」字形結構外城，只建成了呈「凸」字形的南城，這就是北京外城為何不在城外而在城南的來歷。所以北京外城又稱為「南城」，原有的北京城也由此被稱為「內城」。

外城初於公元一五五三年十月完工，明世宗將外城南面三座城門命名為「永定門」、「左安門」、「右安門」，東門命名為「廣渠門」，西門命名為「廣寧門」，廣寧門後為避諱道光皇帝的名字旻寧，被改稱「廣安門」。

道光皇帝（公元一七八二年至一八五○年），即愛新覺羅·綿寧，後改為愛新覺羅·旻寧，是清朝入關後的第六個皇帝，也是清代唯一一位以嫡長子身分即位的皇帝，通稱「道光帝」。在位期間正值清朝衰落，他為挽救清朝頹勢做了一些努力，如整頓吏治，整理鹽政，通海運，平定張格爾叛亂，嚴禁鴉片，有一定的積極作用。

　　另外兩座外城，向北轉折與內城連接處的城門則被稱為「東便門」和「西便門」。由於建造外城是為了確保北京的安全，所以這些城門的名稱多具有「安定」、「安寧」的寓意。

　　古時，北京南城垣正南為永定門，是皇室前往南苑團河圍獵的必經之路。

　　永定門城樓為兩層，面寬五間、寬二十四公尺，進深二間、長十點五公尺，綠琉璃剪邊灰筒瓦重簷歇山頂建築。正門上嵌有一塊楷書的「永定門」石匾，這塊匾長兩公尺，高零點七八公尺，厚零點二八公尺，「永定門」三字沉雄、蒼勁、大氣。

　　當時，取名永定門，意思是希望大明王朝從此「天下一統，江山永定」，也寓意「永遠安定」。據史料記載，後來復建的永定門門洞上方所嵌石匾的「永定門」三字，就是仿照公元一五五三年初建永定門時的這塊石匾雕刻而成。

巍峨壯麗的永定門

　　永定門的正門，規模宏大，巍峨壯麗，斗栱多層，且內外梁枋斗栱遍施殿式彩畫。彩畫最初的目的原本是為木結構防潮、防腐、防蛀，後來才突出其裝飾性。宋代以後，彩畫成為宮殿不可缺少的裝飾，主要有兩種類型：「殿式彩畫」和「蘇式彩畫」。

永定門城樓側景

　　「殿式彩畫」在元代以後被規定為皇室專用，主要用金，藍，紅三色，有以龍鳳圖案為主的「和璽彩畫」，和以旋花為主的「旋子彩畫」兩種，只有皇家較高級的建築才能使用。

　　「蘇式彩畫」則是民間建築使用的繪畫形式，起源於江浙私家住宅與園林，後來也被皇家園林採用，題材主要有山水、花鳥、魚蟲、人物等。永定門城樓彩繪採用最高級的殿式彩畫式樣，足見其規制之高。

　　永定門城樓的大門、門釘數量、門洞以及門前石獅規制，均與後來建的箭樓相同；不同的是，永定門城樓門前兩側各有一間小房。兩房左右對稱，規制一樣，均為布瓦卷棚頂。這兩間小屋在古代被叫做「班房」，是古時城樓門洞前守城兵丁臨時休息之所。

　　兩間「班房」規制雖低，卻有其獨特之處，小屋磚雕精美，垂脊角獸下的向日葵磚雕雕刻手法洗練，大巧若拙。梁枋上，大面積施以蘇式花鳥彩畫，畫面內容豐富，形神兼備。其他地方畫有象徵多子的石榴，象徵多福多壽的仙桃等，寓意美好、表現出對美好幸福生活的無限憧憬的各種吉祥圖案。

「班房」椽子頂部為「卐」行，字不到頭圖案。「卐」在古代是「火」與「太陽」的象徵，梵文意思為「吉祥之所集」、「萬德吉祥」。「卐」字圖形與梁枋上的石榴，仙桃共同組成「萬福萬壽」、「萬子萬孫」美好寓意。

公元一五六四年，明朝全面增建北京外城，共建成了永定門、左安門、右安門、廣渠門、廣安門、東便門和西便門七座城門。因這七座外城位於北京城的前三座門以南，所以百姓多習慣性稱其為「南城」。

但當時，由於南城東西比內城要長，而南北卻只相當於內城的一半，形狀上又像頂帽子，所以南城又俗稱「帽子城」。

當時的北京外城總長約十四公里。外城建成之後，北京城的中軸線由正陽門延伸至永定門，北距鐘樓長達八公里。

在這次外城的增建過程中，明朝在永定門城樓下的城台前增建了甕城。甕城呈方形，兩外角為弧形，東西寬四十二公尺，南北長三十六公尺，圍城牆頂寬六公尺。

■永定門夜景

永定門的甕城之上城鐘高懸，御鼓臥立，鳴鐘擊鼓，數里可聞。在古代戰爭時期，當敵人跨過護城河，攻進箭樓，這時只要迅速關閉箭樓與城樓城門，就可以形成甕中捉鱉之勢，將敵人集中剿殺，甕城因此得名。

■永定門城樓遠景

通常而言，城樓與箭樓間被兩段弧形城牆圍成一塊空地，這塊空地即為甕城。但當時的永定門，明朝根本就沒有修築箭樓，實際上只是將城樓用極其堅固的城牆圍成了一座甕城而已。

【閱讀連結】

元、明兩代在北京有「五鎮」之說，後來的乾隆皇帝又將「五鎮」在永定門外路西樹為具體實物，南方之鎮即為「燕墩」，又因南方在「五行」中屬火，所以堆烽火台應之。

因此，「燕墩」又名「煙墩」，有「永定石幢」之說，是北京城市中軸線最南端的標誌建築。

燕墩的磚台下寬上窄，平面呈正方形，台底邊長約十五公尺，台頂長約十四公尺，台高約九公尺。台頂正中是一座正方形石台，台上立一正方石碑，高約八公尺。

碑座束腰部分，用高浮雕持法雕出水神像二十四尊，均袒胸裸足趺坐於海水之上，須彌座四面各雕花紋五層，分別為龍、雲、菩提珠、菩提葉、牛頭馬面及佛像，四角也各刻佛像一尊。

碑身每面寬一點五八公尺，高七點五公尺，南、北碑面四周刻以雲狀花紋。南面刻有〈御製皇都篇〉，北面刻有〈御製帝都篇〉，均為公元一七五三年御筆，漢、滿文對照。每面漢字八行，陰文楷書。碑文記述北京幽燕之地的徽記。碑頂有石簷，簷下有石雕三層，碑頂為四角攢尖頂，四脊各有一龍。燕墩記述了燕京建都概況。

▌清定都北京後始建永定門箭樓

公元一六四四年，八旗子弟入主北京，建立大清王朝，並重建、遷都北京。當時，清朝將北京各城門用漢文題寫的明代匾額全部撤下，改用滿、漢兩種文字的匾額。

清朝一直沿用了明代永定門的建制格局，即使清朝除對永定門的城門和城牆進行過多次修葺，也沒有再做改變。

■永定門前面的護城河

到公元一七五〇年時，永定門位於北京左安門和右安門中間，是當時北京外城七座城門中最大的一座，為北京城市中軸線最南端的標誌建築，也是從南部出入京城的通衢要道。為了加強北京防衛，清朝在永定門又增建了箭樓，並重建了甕城。

　　清朝在甕城正面增建的單層箭樓，為單簷歇山式、布筒板瓦蓋頂，綠琉璃瓦鑲邊；箭樓正脊有明獸，學名「嘲風」，為龍王九子之一，生好望遠，能飛簷走壁，古代多將其立於房屋正脊或垂脊之上，以期望它能負起警衛的職責。

　　戧脊之上立有龍王九子，九子神態各異，栩栩如生。相傳龍生九子，皆不成龍，且九個兒子各有各的長相，脾氣愛好也各有不同。

永定門城樓遠景

　　箭樓規制很小，面寬三間，寬十二點八公尺，進深一間、長六點七公尺，高八公尺。連城台通高十五點八五公尺；南、東、西三面各闢箭窗兩層，南面每層七孔，東西每層三孔；箭樓門洞為拱券式，箭樓下城台正中對首城樓門洞開有一個單孔拱券式門。

永定門箭樓北側的樓門為過木式方門。兩扇厚重的木質大門上各釘銅釘八十一枚，橫九豎九，錯落有致，象徵九重天子，皇家威嚴。

大門前左右各蹲坐石獅一座。石獅高大威猛，端坐在潔白的大理石須彌座上。須彌座又稱金剛座，原為佛像下的基座，以顯示佛的崇高偉大。

永定門正面

在古代宅第門前常立石獅為瑞獸，相傳能鎮宅，石獅還也有顯示宅第主人身分財富的作用。

在不逾制的前提下，宅第主人社會地位越高，財富就越多，其宅第門前的石獅體形就會越大，做工也越細。

永定門箭樓前的石獅體形高大，用料講究，雕工精細，且被安放在須彌座上，突出了皇城的威嚴，天子的氣派。

公元一七六六年，清朝又重修了永定門城樓，不僅提高其規制，加高城台和城樓，將城樓由原來的單簷歇山頂改建成三重簷歇山頂式的樓閣建築，

還使用了灰筒瓦、綠剪邊，裝飾了琉璃瓦脊獸，令其以雄偉姿態矗立於北京城中軸線的最南端。

改建後的城樓形制如同內城，重簷歇山三滴水樓閣式建築，灰筒瓦綠琉璃瓦剪邊頂，面寬五間，通寬二十四公尺；進深三間，通進深十點五公尺；正脊、戧脊上的明獸、路獸都是龍王九子的形象，與箭樓相同。樓連台通高二十六公尺。甕城呈方形，兩外角為圓弧形，東西寬四十二公尺，南北長三十六公尺，甕城牆頂寬六公尺。至此，永定門工程才算全部完成。

永定門自嘉靖時始建，到最終建成，共計跨越了明清兩代。清朝時仍稱永定門，寓意「永遠安定」。

【閱讀連結】

相傳元末明初，玉帝派四海龍王的九個兒子，即「龍九子」，去輔佐朱元璋和朱棣平定天下；可當他們功德圓滿，欲返天庭覆命時，企圖留住他們的朱棣心生一計，對其中的老大贔屭說：「你力大無窮，如能馱走神功聖德碑，我就放你們走！」

贔屭一看是塊小石碑，毫不猶豫地馱在了身上，但他不知神功聖德碑是記載「真龍天子」一世功德，又有兩代帝王的玉璽印章，能鎮四方神鬼，所以牠寸步難行。

眼看大哥被壓在碑下，其餘龍子決定一起留在人間，並發誓永不現真身；結果朱棣留住了龍九子，得到的卻僅僅是九個塑像般的神獸。

朱棣後悔莫及，為了警示後人不要重蹈覆轍，便讓九龍子各司一職，流傳千古。

古風遺韻──古都城樓

　　北京鐘鼓樓，位於北京東城地安門外大街。其中，鐘樓在北，鼓樓在南，兩樓同時座落在古城中軸線的北端。它始建於元代，重建於明代，是元、明、清三代京城的擊鼓報時之處。

　　西便門城樓位於北京外城的西南角，屬北京外城簡單便門之一，為明清時期的北京外城七門之一。它始建於明朝嘉靖年間，由城樓、箭樓和甕城組成。其中，「八瞪眼箭樓」為清代初期增建。

▋作為報時中心的鐘鼓樓

　　在古代，古人將黑夜劃分為「五更」，每更兩小時，並以鐘鼓報時。鼓樓定更擊鼓、鐘樓撞鐘報時都極有規律，所以「五更」又稱「五鼓」或「五夜」。

清代初期規定，報時的方法為：定更及亮更，皆先擊鼓後敲鐘，其二至四更則只敲鍾不擊鼓；後來改為只在夜裡報兩次更，每晚定更和亮更先擊鼓後撞鐘。定更時鐘聲響，城門關，交通斷，稱為「淨街」；亮更時，鐘聲響，城門開，這就是人們通常所說的「晨鐘暮鼓」。

北京鐘鼓樓之鼓樓

　　過去，鐘鼓樓的報時之職由清宮鑾儀衛承擔，文武百官上朝，百姓生息勞作均以「晨鐘暮鼓」為度。

　　在古代，古人常用的計時器有碑漏和銅刻漏。碑漏內部設十二根銅管，最後一根銅管下置鐃片。碑漏上方設一投球孔，銅球通過所有銅管的時間為二十四秒，然後擊鐃報時。兩個金屬球之間的時間間隔為二十四秒，三十六個球用時十四點四分，即古時一刻，三千六百個球滾動完畢正好二十四小時。

　　鐃，又稱為鉦和執鐘，銅製圓形的樂器，常和鈸配合演奏。鐃的形制與鈸相似，唯中間隆起部分較小，以兩片為一副，相擊發聲。鐃為中國最早使用的青銅打擊樂器之一，其最初的功能為軍中傳播號令之用，最早流行於商代晚期，周初沿用，後來成為蒙古、藏、納西、壯、土家、黎和漢等各民族互擊體鳴的樂器。

　　銅刻漏計時，鼓手們聽到鐃響後擊鼓定更，鐘樓聽到鼓聲後撞鐘報時。這一科學的銅刻漏計時、更鼓定時和銅鐘報時系統，規制了百官的上朝和百姓的生息勞作。

■北京鐘樓遠景

　　後來，清代改用時辰香計時，嚴格定製的時辰香為盤旋狀，均勻燃燒，在經過精確計算的刻度上懸掛小球，下接金屬盤。當香燒到該刻度，球掉入盤中報時，提醒鼓手擊鼓。

北京鐘鼓樓，位於北京東城區地安門外大街北端，始建於公元一二七二年。鐘樓和鼓樓相距上百公尺，前後縱置，一改鐘鼓樓左右對峙的傳統，並且都處在北京南北中軸線的最北端。

鐘鼓樓作為元、明、清代三代都城的報時中心，在城市鐘鼓樓的建制史上，北京鐘鼓樓的規模最大，形制最高，氣勢雄偉，巍峨壯觀。

元朝時的北京鐘鼓樓，位於元大都城，就是後來的北京中心，後毀於火，且公元一二九七年重建之後不久又毀於火；公元一四二〇年，明朝重建宮室的同時，又重建了鐘鼓樓，並確立了其位於都城南北中軸線北端的地位。

後來，兩樓又相繼毀於大火。公元一五三九年，鼓樓遭雷擊起火，第三次重修。公元一六五四年，鐘鼓二樓毀於火災，於公元一七四五年奉詔再次重建，兩年後方竣工。

後來，北京鐘鼓樓歷經了多次損毀與修復，後來的鐘樓是清代時的建築，而鼓樓則是明代時的建築。

鐘樓占地約六千平方公尺，為重簷歇山頂式建築，共兩層，通高四十七公尺多，樓身為正方形平面，是一座全磚石結構的大型單體古代建築。

鐘樓正南，為一座與圍牆相連的三聯大門，中門內立有公元一七四五年重建鐘樓碑一通，螭首方座，碑首題額〈御製重建鐘樓碑記〉，碑陽為經筵講官戶部尚書梁詩正奉敕敬書碑文，碑陰為京兆尹薛篤弼書的〈京兆通俗教育館記〉碑文。

京兆尹，中國古代官名，為三輔之一，居三輔之首。京兆尹、左馮翊和右扶風三位，是治理京畿地區的官員被統稱為三輔。唐代後已無設置，只習慣上稱呼京師行政長官為京兆尹，官職為正四品上；清朝劃其京都及附近三十餘縣為一特別行政區，稱順天府，長官稱順天府尹。

螭，為古代傳說中的一種動物，屬傳說中的蛟龍類。龍為炎黃子孫最崇拜的神獸，把它裝飾在碑頭上成為螭首，碑的身價就變得更為高貴。

　　鐘樓下部為磚砌城台，城台上四面有城堆，周圍環繞著漢白玉石護欄。城台台身的四面各有一座拱門，其內部結構採用複合式拱券，呈十字券結構。

　　除主體拱券之外，還於圍護牆體中設有環路通道。在底層的東北角開有一蹬樓小拱門，內設七十五級石階可達二層的主樓。

　　主樓面寬三間，屋頂為黑琉璃瓦綠剪邊，正脊兩端安背獸，兩層屋簷的戧脊上均安獅子為首的五跑小獸。上層簷下施重昂五彩斗栱，下層簷下施單翹單昂五彩斗栱。

　　五彩斗栱，是斗栱的多種形式之一。裡外各出兩拽架的斗栱，單翹單昂、重昂或重翹品字斗栱皆為五踩斗栱。斗栱組合有頭翹一件，頭昂後帶翹頭一件，二昂後帶六分頭一件，螞蚱頭後帶菊花頭一件，撐頭大後帶麻葉頭一件，外拽用單材瓜栱、單材萬栱、廂栱各一件和正心瓜栱以及正心萬栱各一件。

■萬壽寺鐘鼓樓

主樓四面各有一座拱門，其左右各有一座石雕窗，中心開一拱券門，左右對稱開券窗，窗上安設石刻仿木菱花窗。整個建築結構強調了共鳴、擴音和傳聲的功能，在中國鐘鼓樓建築史上獨一無二。

在二樓的正中位置，立有八角形的木框鐘架，用以懸掛報時用的大鐘。在鐘架兩側吊一根兩公尺長的圓木，供撞鐘使用。

據史料記載，鐘架上原來懸掛有明永樂年間鑄造的鐵鐘一口，但因音質不佳，後來才改用了「大明永樂吉日」鑄造的銅製巨鐘，鐵鐘則被置放在了鐘樓外的平地上。

銅鐘通高七點零二公尺，鐘身高五點五公尺，最大直徑三點四公尺，鐘壁厚十二至二十四點五公分，重約六十三噸，是中國體積最大、分量最重的古代銅鐘，有「鐘王」之稱。

據文獻記載，銅鐘採用傳統的泥範法，利用地坑造型、群爐熔鑄。鐘體全部由響銅鑄成，撞擊時聲音渾厚綿長，圓潤洪亮，京城內外方圓數公里均可聽到。

北京鼓樓在元朝時名叫「齊政樓」，其位置在明清鼓樓以西，就是後來舊鼓樓大街的南口。在公元一八〇〇年和一八九四年，曾先後對鼓樓進行了大規模修繕。

北京鐘鼓樓之鐘樓

　　鼓樓是一座單體木結構建築，總占地面積約七千平方公尺，坐北朝南，為重簷三滴水木結構樓閣，通高四十六點七公尺。樓身座落在高約四公尺的磚石台基上，東西長約五十六公尺，南北寬約三十三公尺。

　　鼓樓有上下兩個功能層和中間的一個結構暗層，面寬五間，進深三間，外帶周圍廊，四周圍以宇牆，紅牆朱欄、雕梁畫棟，非常雄偉壯麗。

復原後的鐘鼓樓

鼓樓下層為城台，城台外顯面寬七間，進深五間，內部為拱券結構，樓底層共有拱券式門八座；南北各有三座券門，東西各一券門，南側門前有石獅子一對，高約一點二五公尺。

樓台東北隅有一門，內有蹬樓石階梯，南北向傾斜四十五度，共六十級，然後拐彎向西，東西向傾斜四十五度，共有九級，經六十九級石階梯可達二樓。

二樓四面均有六個方格門窗，四周有廊，寬約一點三公尺，帶木護欄，望柱高一點五五公尺，建築面積為一千九百二十五平方公尺。樓內有木製鼓座，鼓座為紅油漆上雕雲紋，高一點八公尺，長兩公尺，寬一點九公尺。

雲紋，一般指由深到淺，或由淺到深過渡自然的花型，也有由裡向四周逐漸散開的雲紋，一種或多種色彩深淺層次變化，使圖案有立體感，顯示細膩而生動逼真。

鼓樓的二十五面更鼓便置於此處，其中：「大鼓」又稱「主鼓」一面，代表一年；「小鼓」又稱「群鼓」二十四面，代表一年二十四節氣。

據史料記載，在清朝末年，北京鼓樓曾經使用一面大鼓，鼓高二點二二公尺，腰徑一點七一公尺，鼓面直徑約一點五公尺，用整張特大牛皮蒙製而成。

此外，樓內安放著計時器碑漏和銅刻漏。鼓樓上的銅刻漏為宋朝年間製造並相傳下來，分為四級漏壺，由上至下分別是：天池、平水、萬分和收水。

收水壺設箭尺於水中，水漲箭浮，依刻顯時，旁邊的鐃神每隔十五分鐘擊鐃八次報時，每天誤差僅在二十秒左右。

鼓樓的第三層是暗層。鼓樓屋頂為灰筒瓦綠琉璃剪邊重簷歇山式，正脊兩端安背獸，平坐周圍以木製滴珠板封護，上層簷下施重昂五彩斗栱，下層簷為四坡屋頂，施單翹單昂五彩斗栱，平坐下施重翹五彩斗栱。各層屋頂戧脊上曾置獅子為首的五跑小獸，後來改為仙人為首的七跑小獸。

【閱讀連結】

相傳，永樂皇帝詔令工匠鑄巨型銅鐘；但三年過去，銅鐘仍未鑄好。於是皇帝怒斬監鑄太監，並限令工匠們在八十天內鑄好大鐘，否則全體處斬。這次負責鑄鐘的華嚴師傅是當時有名的銅匠。

據說，他有一個聰明伶俐、出落得如仙女一般的女兒華仙。當時，華仙見父親為鑄鐘一籌莫展，便請求父親帶她一起去鑄鐘。

那一天，眼見又要失敗，華嚴急得眼睛都紅了。只見當時，穿一身紅襖紅褲，著一雙繡花小紅鞋、美麗的華仙衝到爐邊，縱身跳進爐去。剎那間爐火升騰、銅水翻滾，銅鐘終於鑄成了。

後來，為了紀念這位為了鑄鐘而獻身的美麗姑娘，人們尊稱她為「鑄鐘娘娘」。

西便門城樓與八瞪眼箭樓

相傳有一年，魯班爺帶著他的兒子和徒弟趙喜去北京雲遊。一天，看見有人正在修建城牆，亟待竣工，城門下腳所需的白玉石以及城門裡用的豆渣石，還一直沒找到合適的材料。

眼看工程完不了，工頭心急如焚。見此情形，好心的魯班爺便帶著兒子和徒弟趙喜在北京周圍四下尋找。

又有一天，當三人走到離北京不遠的、北京西南的琉璃河時，魯班爺看到河邊有許多豆渣石，河底有許多白玉石。

於是，他就對著河面大聲地喊道：「河底下有白家哥兒們嗎？你們醒醒！」

■西便門八瞪眼箭樓側景

■ 西便門城樓近景

說來也怪，果然有來自水底的聲音回應道：「有，有，有！」

接下來，三人就商量如何搬運石頭。豆渣石黃黃的，似牛皮，趙喜決定把豆渣石變成牛往北京趕；白玉石白白的像羊毛，所以魯班爺的兒子打算把白玉石變成羊往北京趕。

商量好了運石頭的法子之後，魯班爺又對他的兒子和徒弟說：「必須一夜運到北京，如果天明雞叫，石頭可就要露了原形，再也走不動了！」

魯班爺的兒子答應了，趙喜也答應了。

天交定更後，魯班爺不慌不忙地來到河邊，衝河岸邊上的豆渣石、河底下的白玉石，大聲地吩咐著說：「老豆、老白，你們辛苦辛苦，到北京去吧！你們到了那裡，幫助把北京城修成了，你們可就是一千年、一萬年都有名啦！」

不知道老豆、老白是否聽到，總之他們都沒應聲，魯班爺的兒子直皺起了眉頭，趙喜也禁不住地笑了起來。

這下子，魯班就急了，不由得勃然大怒，厲聲地大聲吼道：「老豆、老白，你們給我快快地走！」

老豆、老白本來故土難離，但經不住魯班爺的麻煩與糾纏，一塊塊豆渣石變成了一頭頭健壯老黃牛，跑了過來；一塊塊白玉石變成了一隻溫順大綿羊，跳出水來。

魯班爺心裡高興極了，趙喜師兄弟兩個人，分別趕著牛和羊，經長辛店，過盧溝橋，直奔東北走而去。

當時，素來詭計多端的趙喜心裡暗算：牛比羊走得快，我這回可不能讓魯班爺的兒子搶了頭功，要是能讓魯班丟人現眼就最好了。

於是，兩人才一過盧溝橋，趙喜就「叭，叭」兩鞭子，轉眼的功夫，趙喜跟那群黃牛就沒影了。魯班爺的兒子走得也不慢，剛到四更天，就看見北京城了，心想：這回真沒違背父親吩咐的限期！

眼看羊就到城邊了，忽然「咯兒咯兒」一聲雞叫，近村遠村的雞都就叫起來了。其實，這是趙喜的豆渣石運到了以後，怕師哥搶頭功，學了一聲雞叫。

西便門角樓舊景

聽到雞叫，魯班爺兒子趕的那些石頭變的綿羊，忽然間就全倒下又變成石頭了。這些石頭，遠遠看去，就彷彿一群綿羊似的。

後來，明朝在這裡修建了西便門，人們就管這群漢白玉石羊叫「西便群羊」。

西便門八瞪眼箭樓

明朝初期，北京城建成後，西便門仍在北京城牆西南端角樓旁邊，為北京外城西南角的城門，在當時的形勢下，最強烈的願望是安寧。

西便門是明、清時期京師外城七門之一，主要由城樓、箭樓和甕城組成。西便門與東便門，是北京修建較晚的兩個城門。

公元一五五三年，為了防禦蒙古騎兵的騷擾，保障北京城的安全，明朝在京城四周修築外城，但因當時低估了建築的規模，受財力限制，就只修了環抱南郊的一段，修建了永定門等五門，從而使京師城垣呈「凸」字形。

後來，北京外城城牆東西兩端與內城城牆相連接處附近修有兩座朝北向的城門，分別就是東便門和西便門。

東便門是北京外城東南端的一座小城門，位於北京城牆東南端角樓旁邊，是北京外城的城門之一，主要由城樓和箭樓組成。西便門初建規模很小，規制較為簡陋，其城樓高僅時一公尺，其他形制、尺寸與東便門相同。

後來，由於北方游牧民族南下劫掠越來越頻繁，明朝也日漸富庶，北京城內城外的居民也日漸增多，因此，為了進一步增強北京城的防衛，明朝又在北京城四周補修外城，從而形成了以永定門、左安門、右安門、廣渠門、廣安門、東便門和西便門為主的外城七門的格局。

公元一五六四年，西便門擴建城樓時，增築了約長三十一公尺的半圓形甕城，同時加固了西便門城樓東側內外城連接處的城牆垛口，疏濬城門外的護城河道，在城門以東修築一座三孔水門，使玉泉山水在附近順利分流注入通惠河。

西便門城樓遠景

經過這次擴建後，西便門城樓為單層單歇山小式，灰筒瓦頂，四面開方門，無窗；面寬三間寬十一點二公尺，進深一間深五點五公尺，高五點二公尺；

其城台正中闢過木方門，樓連城台通高十一點二公尺。甕城為半圓形，東西寬三十公尺，南北長七點五公尺。

在這以後，直至建立清朝，出於外城防禦的需要，清朝才對西便門城樓進行了擴建，在甕城上增築了寬九公尺、高四點七公尺的小型箭樓。

箭樓上設有兩排箭窗，每排四個箭孔。八個箭孔，宛如八隻睜得大大的眼睛，神情警惕而專注地俯視著城外，簡直有來敵生畏的感覺，因而人們又稱西便門箭樓為「八瞪眼箭樓」。

八瞪眼箭樓為單層單簷硬山小式，灰筒瓦頂，南背面闢過木方門，東西北三面闢箭窗，每面各二層，北面每層四孔，東西面每層兩孔；面寬三間寬九公尺，進深一間深四點六公尺，高四點七公尺；其城台正中闢門，北半側為其外側，屬於拱券頂，南半側為其內側，為過木方門連城台高十點五公尺。

清代以後，西便門城樓、箭樓和甕城及附近城牆均被拆除。後來，緊靠西便門城樓東側的一百九十五公尺內城牆被整修，並在外城相接原址復建了「八瞪眼箭樓」，同時保留了七處斷面遺跡，並立碑紀念。

【閱讀連結】

無論西便門城樓，還是八瞪眼箭樓，相對其他各城門來說，都較為簡單。

關於西便門名稱的由來，據相關史料記載，大概有兩種說法：一是取「便門」之意，意思是西便門「便於南北方向的出入」，或指西便門屬於「工程簡便，不是大興土木」之門。

其次，指西便門偏居北京城的西側，並且是在北京內城和外城的結合部位。所以這座城門因其所處位置，曾經用「偏」來命名，別稱「西偏門」。但由於「便」和「偏」的發音相近，時間一長，人們就把「西偏門」讀作「西便門」了。

聲聞於天——西安鐘鼓樓

西安的鐘樓和鼓樓位於西安城中心，是西安城的標誌性建築物，他們遙相呼應，蔚為壯觀。西安的鼓樓建立於公元一三八〇年，鐘樓建立於公元一三八四年，距今已有六百多年歷史。

西安鼓樓享有「聲聞於天」的美譽，其建制遠遠超越了明代皇家的禮制。明太祖朱元璋希望其不僅能司辰報時，還能振明朝國威，以懾邊寇。

西安鐘樓是中國古代遺留下來的眾多鐘樓中形制最大、保存最完整的一座，其建築規模、歷史價值和藝術價值都居全國同類建築之冠。

超越皇家規制的西安鼓樓

公元一三八〇年，當明軍還在陝西涇陽上與元軍鏖戰時，明太祖朱元璋就領悟到，不能一直騎在馬上治天下。經過血與火洗禮的西安城，百廢待興，城市重建成為當時第一要務。

於是，朱元璋派遣接管陝西和西安的官員開始營建西安城。在西安城的首批建築裡，司辰報時的西安鼓樓也位列其中。

西安鼓樓近景

古時，鳴鐘報曉、擊鼓報暮，因此有「晨鐘暮鼓」之稱。夜間擊鼓報時，「三鼓」就是「三更」，「五鼓」就是「五更」，一夜共報五次。日落時擊鼓後關閉城門，夜半深更擊鼓警戒行人，日出前擊鼓亮更開啟城門。

在明朝初期，西安城周長十一點九公里，面積為八千七百平方公尺。所以，要使鼓聲能傳遍全城，就必須建造高樓，並設置大鼓。

據史料記載，元朝時西安城也曾建有一座高樓，名為「定時樓」，因其樓上設有巨鼓一面，每日擊鼓報時，人稱「鼓樓」。元末明清時，「定時樓」被焚於戰火。

明朝擴城以後，定時樓遺址已不是城市的中心點，但當時傳說該地的風水很好，且曾經是唐朝最高行政首府尚書省的玄關，即正門所在。尚書省和六部擊鼓司辰，提醒官員上朝退朝，那時候，尚書省放置鼓的樓名為「敬時樓」。

■初春時節的西安鼓樓

此外，元代鼓樓的東側是奉元路府所在地，到了明朝，西安城是全國軍政重鎮，而定時樓的遺址東側正是西安府所在地。雖然鐘鼓二樓相依相隨自古使然，但靠近衙門的鼓樓自然要先建。

所以明朝於公元一三八〇年新建鼓樓的地址，依然選擇在定時樓的遺址上，也就是後來的西安北院門街南端，鼓樓橫跨北院門大街之上。

中國自古有「盛世修史、豐年蓋樓」之說。主持修建鼓樓的有明代著名開國將領長興侯耿炳文、西安知府王宗周等人。據說是在微雨朦朧中，為鼓樓工程奠基。

選址和設計好後，便開始鼓樓的工程。一群役夫和雇工，在匠人的帶領下，開挖奠基、運土廓坑、壘磚搬石，不出數月，長方形磚砌留有的券洞樓基就聳立起來。

鼓樓的券洞內和北院門街起初一直都是土路；直至清朝中期，有一晁姓大富戶為了做官，捐銀兩給鼓樓券洞和北院門街，路面這才鋪上了石板。

那時，陝西咸陽古松參天，森林密布。西安鼓樓的梁柱椽板用木，就來自咸陽森林。

木匠們對這些特意選伐的百年、千年巨松，先是刨光削圓，繼而或者渾木使用，或者解剖成段，或者鑿卯刻榫，或者雕琢斗栱，然後透過立柱架梁，鋪設椽板，形成了鼓樓的巍峨骨架。最後頂覆筒瓦、內外彩繪、開門闢窗、內置樓梯等，一座巨大穩重、華貴秀美的鼓樓就屹立在了西安城裡。

西安鼓樓上的大鼓

　　整座西安鼓樓呈長方形，不用一鐵一釘，全靠榫卯珠聯璧合，樓內兩層，樓外望去卻是三層，為重簷三滴水結構。鼓樓四圍迴廊上每層正面有明柱十根，九個間隔。鼓樓歇山屋面上的大片葫蘆懸金彩繪尤為少見。

裝飾華美的西安鼓樓

鼓樓的整體構造又稱重簷歇山式，與北京天安門、故宮保和殿相類，高度超過了天安門。南京當年的鼓樓更是不比西安鼓樓雄偉。所以，西安鼓樓是中國最大的鼓樓。

鼓樓由地面至樓頂高三十四公尺，是古時西安城的高大地標建築之一。鼓樓因此也成為人們登高遠望的佳處。鼓樓的高大形象，還特別深入民心。

傳說，有秦、晉、豫三位商人出門在外，為爭旅舍熱炕睡，各自誇起了本省名物。

晉商說：「山西有座應縣塔，離天丈七八。」

豫商接著說：「河南有座于谷祠，把天磨得『咯擦擦』。」

秦商也吟誦道：「陝西有座大鼓樓，半截插在天裡頭。」

為了表示對西安鼓樓的佩服，晉豫二商一致同意讓熱炕於秦商。

明朝對建築等級有嚴格規定，如朝廷一品官員的廳堂為五間九架；重簷屋頂一般只准在皇宮王府和皇家寺院中使用。如若擅自逾越，將會被朝廷視為僭越，滿門抄斬。

傳說，明代僧人重建大薦福寺時，苦於物力窘迫，無奈使用了寺廟舊日拆下的黃瓦，朝廷得知後迅即派人來調查，發現是武周朝時大薦福寺故物，並非當代人故意使用，才免予降罪。

按明朝規制，西安鼓樓的建築嚴重超越了當時的禮制。但據史料記載，對西安鼓樓建築規制如此皇恩浩蕩，正是朱元璋本人。

當時，建都南京的朱元璋雖攘取天下，但始終對逃至漠北的元朝韃靼放心不下。所以朱元璋特別開恩，在西安創建了除司辰報時外，更可振明朝國威、以懾邊寇的皇家等級鼓樓。

■西安鼓樓側面

　　西安鼓樓建在用青磚砌成的高大長方形台基之上，其台基東西長五十二點六公尺，南北寬三十八公尺，高七點七公尺，占地一千九百九十八平方公尺，它的面積比鐘樓台基大七百三十八平方公尺。在西安鼓樓的台基下，闢有高和寬均為六公尺的南北向券洞，與西大街和北院門街一線筆直貫通。

■西安鼓樓側面

鼓樓的主體建築在台基的中心，分為上下兩層樓，為梁架式木質樓閣建築，面寬七間，進深三間，四周設有迴廊。第一層樓身上置腰簷和平座，第二層樓為重簷歇山頂，上覆綠色琉璃瓦。

　　樓的外簷和平座都裝飾有青綠彩繪斗栱，使樓的整體層次分明、花團錦簇、渾雄博大。登樓的青磚階樓設在磚台基兩側，在第一層樓的西側有木樓梯可登臨樓的第二層。樓的結構精巧而穩重，是難得的明初建築佳作。

　　西安鼓樓剛建成時，其第三簷下曾經懸掛有「文武盛地」和「聲聞於天」兩塊匾額。匾額「文武盛地」懸掛於鼓樓南簷下正中，意境雄闊，吐納古都千年風雲，縈繞筆端；「聲聞於天」懸掛於鼓樓北簷下正中，取典於《詩經》中的詩句「鶴鳴九皋，聲聞於天」。

　　《詩經》，是中國最早的詩歌總集，收錄西周初年至春秋中葉五百多年的詩歌三百零五首，還有六篇有題目無內容，即有目無辭，稱為笙詩。《詩經》又稱「詩三百」。先秦稱為《詩》，或取其整數稱《詩三百》。西漢時被尊為儒家經典，始稱《詩經》，並沿用至今。

　　明代以及後來的清代，在鼓樓周圍大多是陝西行省、西安府署的各級衙門，這些衙門辦公和四周的居民生活都離不開鼓聲，鼓聲也成了當時人們最熟悉的悅耳之聲了。

　　傳說，當時西安鼓樓上的大鼓高一點八公尺，鼓面直徑二點八三公尺，係用整張優質牛皮蒙製而成；鼓腹直徑三點四三公尺，重一點五噸，該鼓聲音洪亮渾厚，重槌之下，十里可聞。

西安鼓樓的牌匾

　　鼓樓修好的一百七十六年後，也就是公元一五五六年，關中曾經發生了一場大地震，此後餘震持續數月不斷。這次地震使西安城很多建築遭到毀滅性的破壞，鼓樓卻沒有大的破壞，只有鼓樓上的牌匾受損。

　　關中之名始於戰國時期，因為西有散關，東有函谷關，南有武關，北有蕭關，故取意四關之中，後增東方的潼關和北方的金鎖兩座關。四方的關隘，再加上陝北高原和秦嶺兩道天然屏障，使關中成為自古以來兵家必爭之地。

　　西安震區經明朝萬曆年間的大規模重建，多年後逐漸恢復了元氣，其中就包括重修鼓樓。在鼓樓重修竣工後，明代陝西巡撫都御史趙可懷，曾重新書寫鼓樓南額的牌匾「文武盛地」和「聲聞於天」。

　　巡撫，古時官名，又稱「撫台」，是中國明清時地方軍政大員之一，負責巡視各地軍政、民政大臣。清代巡撫主管一省軍政、民政，以「巡行天下，撫軍按民」而名。明巡撫之名，始見於洪武二十四年，即公元一三九一年命懿文太子巡撫陝西，係臨時差遣，同年始設巡撫；清因明制，在各省設置巡撫，清代巡撫是一省最高軍政長官具有處理全省民政、司法、監察及指揮軍事大權。

清康熙、乾隆兩朝先後於公元一六九九年和一七四○年，對西安鼓樓進行過大規模重修，「腐者易以堅，毀者易以完」。

　　據當年〈重修西安鼓樓記〉記載，因為上年陝西小麥豐收，「隴有贏糧，畝有遺秉，民不俟命」，所以出現了「男娶女歸，禮興訟息」的太平景象，於是倣法古事，重整鼓樓。

　　當時，長安縣令王瑞負責具體修繕事宜。重修後的鼓樓，面貌崇隆敞麗，燦然一新。登樓遠望，鬧市風光、秦川景色歷歷在目。

西安鼓樓側面遠景

　　鼓樓在這次大修時，南北簷下正中換上了新的牌匾。「文武盛地」匾額是當時陝西巡撫張楷，摹寫乾隆皇帝「御筆」而成；而「聲聞於天」匾額為當時的咸寧學士、大儒李允寬所書，字大盈間，蒼勁挺拔，畫龍點睛地說明了鼓樓的實際意義。

　　南北兩幅蒼勁的匾額曾經被譽為兩顆「明珠」，鑲嵌在西安鼓樓之上，與鼓樓一同飽經風雨歷練。

　　「文武盛地」和「聲聞於天」兩匾都長八公尺，寬三點六公尺，為藍底金字木匾。八個匾字均為貼金凹體，字字珠璣，千古絕筆。

金碧輝煌的西安鼓樓

後來，由於「聲聞於天」匾被毀，只有「文武盛地」匾傳了下來。此匾與山海關鐘鼓樓的「天下第一關」匾額，一起被譽為中國鐘鼓樓的「中國兩匾」。

【閱讀連結】

關於西安鐘樓上的「聲聞於天」牌匾，民間流傳著一個關於「於」字加「點」的神祕傳說。

傳說在武周時期，有一座鼓樓建成後，大臣們恭請皇帝武則天寫了「聲聞於天」四個字。武則天一揮而就，卻沒注意到「於」字上少寫了一點。

後來，直至武則天一次路過掛在宮門處鼓樓上的匾額時，抬頭看見匾額上的「於」字少了一點，於是就詢問身邊的大臣原因何在，可身邊的大臣面面相覷不敢出聲。

只見當時，武則天下令取來大筆一支，蘸上墨，用一弓箭將其射到牌匾上，正好射到缺一「點」的位置，引來群臣歡呼；而明朝在掛匾西安鼓樓時，將「於」字改寫成了「于」字。

▌與鼓樓遙相呼應的西安鐘樓

傳說明王朝定都南京後，其間有一次遷都之議。有大臣主張遷都西安。明太祖朱元璋曾經有些心動，專門派太子朱標赴西安實地勘察，選擇宮室基址，並繪製陝西地圖進獻。

注重典雅的西安鐘樓

洋溢著節日氣氛的西安鐘樓

　　但奇怪的是，這位太子剛返回南京就一病不起，次年便死了。朱元璋打算遷都西安一事也因此作罷。

　　在這期間更奇怪的是，朱元璋在南京初登帝位後，關中一帶連連發生地震，民間相傳城下有條暗河，河裡有條蛟龍，蛟龍翻身，長安震動。

　　這話到了朱元璋耳裡，心裡總感覺不踏實，於是就想辦法要壓住它。恰在當時，有個道人術士給他出了主意，建議朱元璋在西安的城中心修一座鐘樓，因為「鐘乃天地之音，可鎮住蛟龍」。

　　當時，朱元璋首先想到了當時有「天下第一名鐘」之美譽的景雲鐘，因鑄造於唐代景雲年間而得名，最早懸掛於唐代長安城內的景龍觀鐘樓上。鐘高兩百四十七公分，腹圍四百八十另公分，口徑一百六十五公分，重約六噸。

　　鐘形上銳下侈，口為六角弧形。鐘紐為「蒲牢」形，鐘身周圍鑄有紋飾，紋飾自上而下分為三層，每層用蔓草紋帶分為六格，共十八格。格內分別鑄有飛天、翔鶴、走獅、騰龍、朱雀、獨角獨腿牛等，四角各有四朵祥雲，生動別緻。

在景雲鐘的鐘身正面有銘文一段，共十八行，每行十七字，空格十四字，共兩百九十二字，唐睿宗李旦撰文書寫。文為駢體，內容是宣揚道教教義，闡述景龍觀的來歷、鐘的製作經過以及對鐘的讚揚。字體為稍摻篆隸的楷書。

景雲鐘用銅錫合金鑄成，鑄造時分為五段，共二十六塊鑄模，其鑄工技巧嫻熟，雕工精緻，鐘聲清晰洪亮，音質優美，顯示了唐代冶鑄技術的高超水準。

公元一三八四年，在朱元璋親自過問下，當時全國最大的西安鐘樓很快落成了；同時，景雲鐘也懸掛到了西安鐘樓上。當時的西安鐘樓位置在唐長安城的中軸線上，也是五代、宋、元時長安城的中心。

■西安鐘樓三重檐歇山頂

其在西大街以北廣濟街口的迎樣觀，就是後來的西安西大街北廣濟街口東側，與明朝四年前所建西安鼓樓遙相對峙，距後來西安鐘樓所在地約一公里。

被鮮花環繞的西安鐘樓

　　西安鐘樓完成修復，「天下第一名鐘」也掛了上去。此後，朱元璋又派他的二兒子、著名的秦藩王朱樉鎮守西安，西安的社會經濟開始持續發展，其民眾安居樂業，西安鐘樓終於安定下來。

　　但過了兩個世紀，隨著西安城中心東移，城門改建，新的東、南、西、北四條大街形成，位於迎祥觀的鐘樓逐漸偏離市中心。

　　到了公元一五八二年，明神宗朱翊鈞下令，由陝西巡安御使龔俄賢主持，將西安鐘樓整體遷移至後來的西安城中心，西安鐘樓從而成為一座縮轂東西、呼應南北的軸心建築。鐘樓呈典型明代建築藝術風格，重簷斗栱，攢頂高聳，屋簷微翹，華麗莊嚴。

　　明神宗（公元一五六三年至一六二〇年），即朱翊鈞，在位四十八年，是明朝在位時間最長的皇帝。他十歲即位，由內閣首輔張居正主持萬曆朝新政，進行變法，使得萬曆年間的前十年，政治清明，經濟飛速發展，使瀕於走下坡路的明王朝獲得了短暫的復甦和繁榮，後期卻不理朝政，明朝轉衰。

據碑文記載，移建工程除重新建造基座外，木質結構的樓體全是原樣原件，所以耗資不多，工程迅速。完成這樣一座龐大建築的遷移修建，即使在後來高水準遷移技術的情況下，也非輕而易舉。既需要高超的建築安裝技術，又需要嚴密精細的工程組織，這項完成於十六世紀的特殊工程，是中國建築史上極為自豪的一大舉措。

富麗堂皇的鐘樓之夜

後來，在公元一六九九年、一七四〇年和一八四〇年時，清朝曾先後對鐘樓進行大規模的整修。

鐘樓構建於青磚和白灰砌成的正方形基座之上，基座之上為兩層木結構樓體。自地面至鐘樓寶頂的通高約三十六公尺，由基座、樓身和樓頂三部分組成。基座每邊長三十五點五公尺，高八點六公尺，建築面積約一千三百七十七平方公尺。基座下有高與寬均為六公尺的十字形券洞與東南西北四條大街相通，內有樓梯可盤旋而上。

鐘樓外部的重簷三滴水攢尖頂式，不只是增加建築形制的美觀，而且緩和了雨水順簷下落時對建築的衝擊力。四角攢尖的樓頂按對角線構築四條垂脊，從簷角到樓頂逐漸收分，使得金頂穩重莊嚴。樓上琉璃瓦的板瓦之間扣

以筒瓦，以銅質瓦河固定，更使建築穩固結實，成為渾然一體的建築藝術珍品。

鐘樓屋簷四角飛翹，如鳥展翅，由中國各種古典動物走獸圖案組層的獸紋在琉璃瓦屋面的襯托下，給人以形式古樸、藝術典雅、色彩華麗、層次分明之美感。

鐘樓的頂尖部為銅皮包裹木質內心的「金頂」，又稱「寶頂」，高處的寶頂在陽光下熠熠閃光，使這座古建築更散發出其金碧輝煌的獨特魅力。

至於西安鐘樓之頂為何要裝飾成「金頂」，西安民間流傳著一段美麗的傳說：

■西安鐘樓攢尖式屋頂

據說古時的長安，城中心地下不斷湧出水，淹沒房屋、沖毀道路，有把長安變成汪洋之勢。一天，觀音菩薩路經長安，見此情景尤為揪心，於是大發慈悲，託夢給城中的百姓：

■西安鐘樓一角

「有一條孽龍在地下興風作浪，要把長安變成海，只要齊心協力挖開海眼，囚住孽龍，並在上面建一座鐘樓將牠鎮住，方可永保長安。」

於是，城中的百姓便揮舞鐵鍬，順著冒水的地方挖下去，終於挖到了足有十個井口大的海眼，但見一條巨龍正在浪中張牙舞爪，掀起波濤。

眾人經過奮力拚搏，最後將孽龍用鋼環鐵索緊緊捆綁在一根鎮海鐵柱上，再用厚厚的鋼板封住海眼，並立即上面修建了一座十幾丈高的鐘樓。

可正當大家將一個玻璃做的巨大寶葫蘆安放在鐘樓頂時，被捆綁的孽龍突然在地下晃動身軀，鐘樓就劇烈搖動起來，玻璃頂一下子摔碎到地上，且鐘樓抖動也越來越厲害，大有倒塌之勢。

就在這危急關頭，觀音菩薩駕雲從南海來到長安上空，把手中的淨瓶倒扣在鐘樓上，變成了金光閃閃的寶頂，鐘樓頓時紋絲不動，穩如泰山。那條孽龍也從此被鎮在西安的鐘樓底下，再也不能作惡為害。

鐘樓體整體為木質結構，呈典型明代建築藝術風格，深、廣各三間，系「重簷三滴水」、「四角攢頂」建築形式。樓分兩層，下層為一重屋簷，上層有兩重屋簷，四角攢頂覆蓋碧色琉璃瓦，各層有斗栱藻井彩繪。

藻井，是中國傳統建築中室內頂棚的獨特裝飾部分。一般做成向上隆起的井狀，有方形、多邊形或圓形凹面，周圍飾以各種花藻井紋、雕刻和彩繪。多用在宮殿、寺廟中的寶座、佛壇上方最重要部位兩層樓四角均有明柱迴廊、彩枋細窗及雕花門扇，尤其是各層均飾有斗栱、藻井、木刻和彩繪等古典優美的圖案，是一座具有濃郁民族特色的宏偉建築物，也是中國目前能看到的規模最大、保存最完整的鐘樓。

陽光下的西安鐘樓

由鐘樓北側台階而上，一層大廳天頂有「萬道霞光」的圓形彩繪圖案，以及四周一百八十四塊由四季花卉組成的彩繪天花，鮮亮豔麗、栩栩如生。

在一樓大廳的西牆上，曾經鑲嵌著兩塊碑，一塊是公元一七四〇年大修後，由陝西巡撫張楷書寫的〈重修西安鐘樓記〉碑；另一塊是由陝西巡撫龔懋賢在鐘樓東遷後，親筆題寫的〈鐘樓東遷歌〉碑。

這兩方碑記述了西安鐘樓這一巨大建築，曾經歷過的一次令人難以置信的整體遷移。

西安鐘樓的門扇槅窗雕鏤精美繁複，表現出明清時期盛行的裝飾藝術。每一層的門扇上均有八幅浮雕，每一幅浮雕均蘊含了一個有趣的古代典故。

據傳說，西安鐘樓遷到新址之後，雖然鐘樓的式樣大小沒有改變，但景雲鐘卻怎麼也敲不響；無可奈何下，只好更換了一口鑄造於明成化年間的巨鐘，重約五噸，鐘邊鑄有八卦。

【閱讀連結】

傳說，從前關中八百里秦川是一望無邊的澤國，西安就湮沒在這大海中。海水不是河流匯聚而成，而是從鐘樓位置的泉眼裡湧出。

海裡有隻數丈長的巨龜整天不安分，只要一動就會有翻天巨浪，半坡先民依山傍水而居，而他們的居處屢遭水淹。

為了保一方平安，也為了自己的居所不再有水患，先民就請來神仙工匠，修建了一座鐘樓蓋住了湧海水的泉眼；又為了不讓這烏龜興風作浪，特意求神仙用鎖心鏈將牠鎖住，使牠在泉眼裡長眠不醒。以巨龜的身軀堵住泉眼，使海水不會流出，關中這海底平原才得以漸漸露出容顏。

明鼓清碑——南京鐘鼓樓

南京鐘鼓樓位於南京城的中軸線上，是融合南京歷史、文化和自然景觀的城市中心標誌。

南京鐘鼓樓始建於公元一三八二年。南京鐘樓聲音清亮悠揚，鼓樓聲音振聾發聵、響徹百里。鐘鼓樓用以晝夜報時、迎王、選妃及接詔等大慶典，堪稱明代首都象徵。

南京鼓樓規模宏大、氣勢雄偉。南京鐘樓位於鼓樓西側，精巧別緻，規模較小。它的鐘亭與大鐘又名「古亭晨鐘」，曾經被譽為「金陵四十景」之一。

▋明朝初期始建南京鐘鼓樓

南京是明朝的開國之都，在明初的五十多年間，經濟、文化發展迅速，成為當時全國最大的城市。

■南京鼓樓正面近景圖

　　早在大明建立前的公元一三六五年，吳王朱元璋就在南京設太史監，專門觀天象。在古代，天象與國家政治緊密關聯，所以太史監地位非常高。明太史監首任太史令，就是朱元璋身邊著名的謀臣，上知天文、下知地理的劉伯溫。

　　次年開始建造南京城牆。據史書記載，明城牆由明太祖朱元璋親自參與設計，而劉伯溫正是城建規劃的總設計師。

　　明朝時的南京城牆，是當時世界上最高大的城牆。南京城牆有內十三，外十八之說：內有十三座城門，外有十八座城門。又在十三座城門的中心地帶，建造了高大的鼓樓和鐘樓。

南京鼓樓

　　兩樓一高一矮，飛簷傑閣，翼如煥如，像兩顆明珠鑲嵌在古都中軸線上。民間統稱南京鐘樓與鼓樓為「南京鐘鼓樓」。

　　南京鐘鼓樓位於南京城西北──東南走向中軸線的一處山岡上，即後來的南京鼓樓崗，方位上為斜，巍偉壯觀。

　　據《南雍志》記載，為有效利用時間，早在公元一三八一年，朱元璋曾親自參與城市規劃，定下於公元一三八二年在南京城中建鼓樓的決策，所謂「左列鼓架，右建鼓樓」。

　　《南雍志》，是明朝國子監專志，由明代進士、南京國子祭酒吳節、黃佐負責編撰，刊印於公元一五四四年，共二十四卷。後歷朝增訂，黃儒炳又

於公元一六二六撰《續南雍志》，分事紀四卷、職官表兩卷、雜考十二卷、列傳六卷。體例仿《史記》之紀、表、志和傳，而略有不同。

朱元璋還下令統一漏刻制度，統一使用年、月、日、時、刻，在全國實行統一標準時間。鼓樓和當時同建的鐘樓統稱「南京鐘鼓樓」，兩樓「有事報警，無事報時」。

南京鼓樓建於海拔四十公尺的鼓樓崗上，鼓樓閣高三十公尺，占地面積九千一百平方公尺，歷來就是南京的標誌性建築之一。

鐘鼓樓內景

鼓樓由台座與主樓構成。主樓為上下兩層，規模宏大，氣勢雄偉。鐘樓的台座為磚石砌築的拱形無梁城闕狀，東西長四十四點四公尺，南北寬二十二點六公尺，高達九公尺，紅牆巍峙，飛簷迎風。

鐘鼓樓

在台座的東西兩端各築青石台梯四十級，直達平台之上。在梯孔之上，建有歇山頂梯宇一座，以防雨水下注台梯，台座橫向正中和偏前，各開漏窗兩口，以供巷道、台梯通風採光。

漏窗，俗稱花牆頭、花牆洞、漏花窗、花窗，是一種滿格的裝飾性透空窗，外觀為不封閉的空窗，窗洞內裝飾著各種漏空圖案，透過漏窗可隱約看到窗外景物。為了便於觀看窗外景色，漏窗高度多與人眼視線相平，下框離地面一般約在一點三公尺左右。也有專為採光、通風和裝飾用的漏窗，離地面較高。

主樓矗立於高大的平台之上，主樓下層的平台上懸掛一口「太平大鐘」，鐘上鐫刻有「吉祥」、「如意」字樣。一層門樓上有一塊「鼓樓覽勝」的匾額，兩側有一副對聯：

「鬧市藏幽於無聲處聞鼕鼓；高台覽勝乘有興時瞰金陵。」

南北兩面各有拱門貫穿前後，中門券高六點五公尺，寬六點三五公尺；左右二門各券高五點二八公尺，寬四點七公尺。兩邊拱門內又各有二藏兵洞，

能駐百人，當時御鼓官率兵居此鎮守。中間有券門三道，貫通前後，上有「暢觀閣」題額。

主樓上層與下層等大，分為中殿與東西兩殿，滴水直落台座之外。重簷四坡頂，龍飛鳳舞、雕梁畫棟，十分壯觀。

其樓上原為明朝迎王迎妃、接詔報時之所，設有報時和儀仗用的大鼓兩面，小鼓二十四面，雲板一面，點鐘一口，牙杖四根，銅壺滴漏一架和三眼畫角二十四板，以及其他樂器等。

史料記載，鼓樓定更所用之鼓共二十五面，一面主鼓，二十四面群鼓，是依據中國農事的二十四節令而設置。

南京大鐘亭

南京鐘樓建於公元一三八二年，位於南京鼓樓的西側，精巧別緻，規模較小，為重簷六角攢尖頂，灰筒瓦屋面，高十四點五公尺，以六根鐵柱支撐，上架六角交叉鐵梁，用以懸掛大鐘。

鐵柱鐘亭由「金陵機器局」製造。柱上鑄有銘文。大鐘亭與鼓樓成犄角之勢，處市中心，晨鐘暮鼓，適得其所。

　　中國古代都城皆置有鐘樓、鼓樓。原來南京鐘樓旁有個鑄鐘廠，曾先後於公元一三八八年、一三九二年鑄造了兩口紫銅巨鐘懸掛於大鐘亭內。

　　其中一口鐘高三點六五公尺，口徑二點三公尺，底邊厚零點一七公尺，重兩萬三千公斤，造型精美，古色古香，鐘頂鑄陽紋蓮瓣一周，鐘體上的字跡、花紋都十分清晰精緻，上鑄銘文「洪武二十一年九月吉日鑄」，其聲音洪亮，數里可聞，是南京當時最大的一口銅鐘。

　　陽紋，就是太陽紋，形似太陽，居於鼓面中心，是銅鼓中最早出現也最基本的紋飾，幾乎所有銅鼓都有。傳說是太陽崇拜的信仰，也有人認為，鼓面中心突起的太陽紋，是敲擊的主要部位，突出厚實，聲音易傳，有利於在重槌之下，防止塌陷。

南京大鐘亭

傳說，朱元璋當年攻打南京集慶時，連攻數日都未成功，於是便用牛首山宏覺寺中，兩萬三千公斤重的青銅鐘熔鑄成一批大砲，並許願日後打下江山，定將重鑄一口同樣的銅鐘還於寺中。

　　朱元璋在南京建都後，命八大王之一的蘄國公康茂才鑄造大鐘，且對鐘的規格、花紋、重量都有嚴格規定，要求鐘的頂部鑄陽紋蓮瓣一周，提梁上飾以雲紋和波浪紋，用紫銅澆鑄，且鐘聲要能響徹百里。

　　康茂才（公元一三一三年至一三七○年），人稱「茂才公」，為人知書達理，孝順豪爽，名聞鄉里。因其作戰勇猛善謀，屢屢獲勝，元朝曾授他淮西宣慰使、都元帥等職。後率部起義，追隨明太祖朱元璋，屢立戰功。公元一三七○年，他率部進攻陝西漢中時受傷，在還軍歸途病故，朱元璋親往祭奠，追封他為「蘄國公」。

　　康茂才想盡辦法，也很難如期完成，於是工期一再拖延，最終惹怒了朱元璋，限其三日內一定要鑄成，否則將有殺身之禍。

　　聖旨一下，康茂才左右為難，他的憂愁被三個女兒得知，她們不願見到父親和眾多工匠身首異處的悲劇，於是借鑑春秋時期莫邪以身祭劍，在限期臨近時，義無反顧地縱身躍入冶煉爐，溶入銅液。瞬間，冶煉爐內青煙驟起，直上九霄，大鐘也因此一舉鑄成。

　　三個孝女捨身救父，世人深受感動，人們建祠立像紀念她們的孝心，建了三姑廟，內設神鐘樓，這口鐘被稱為「神鐘」，門旁對聯道：

　　　　「三妹孝義垂青史；干斛鏗鐘聲白門。」

【閱讀連結】

　　在明朝洪武年間，南京鼓樓堪稱是明朝都城的象徵，而當時流傳下來的幾首歌謠，更好地詮釋了古都南京的「暮鼓晨鐘」。

　　古時沒有鐘錶計時，南京鼓樓每天按更擊鼓，催促文武官員勤於政務，提醒百姓勤於勞作，因而有歌謠：「警鐘一敲震官心，不懶不貪勤為民。衙

門高懸如明鏡，大公無私不講情。」、「洪武鼓樓有報時，暮鼓晨鐘聲聲至。震醒官員為民思，催得百姓莫起遲。」

明朝實行宵禁，百姓按鐘鼓聲作息，亦有歌謠：「黃昏豎耳聽鼓聲，十三快馬朝外奔。莫等關了大城門，妻兒老小不見人。」、「鼓樓城門八丈高，樓頂鐘聲緊緊敲。家裡米缸快空了，不許老爹睡懶覺。」

清朝時期重建南京鐘鼓樓

明朝末年，南京鼓樓只留下了城磚砌成的台基，而主樓的上下層都被摧毀，明初樓宇和器物早已無存，僅下部的台座和台坪上的石柱基礎留存了下來。但清康熙朝以前的江寧城市地圖上，仍明確標註了鐘鼓樓的位置。

■南京鼓樓的匾額

公元一六八四年，清康熙皇帝為根治黃河、瞭解民情、整頓吏制到南京巡視時，曾登臨鼓樓城闕。他放眼南京古城，一時感慨萬千，於是就在樓上訓示地方官員，告誡他們要清廉職守，奉公守法，懲治腐敗。

南京鼓樓內的神龜

　　次年，兩江總督王新就命人在此建碑，將康熙皇帝的「聖諭」刻成了「聖諭碑」，也稱「戒碑」，碑高兩丈餘，承以龜趺，立於鼓樓台基座的正中。

　　龜趺，指碑的龜形底座。龜趺又名贔屭、霸下。傳說霸下在上古時期，常馱著三山五嶽，在江河湖海裡興風作浪，直到大禹治水收服了牠，並搬來頂天立地的巨大石碑，上面刻上霸下治水的功績，叫霸下馱著，沉重的石碑壓得牠不能隨便行走。

　　為保護聖諭碑，清朝當時重建了一座三開間的木製鼓樓，規模比明代的鼓樓小得多，也簡陋得多。

這次鼓樓重建，除了御碑，還有龍鳳亭，鼓樓也由此更名為「碑樓」或「暢觀樓」，同時它還有「誠碑樓」與「碑亭」的別稱，有「明鼓清碑」之美稱。但當時的南京民眾仍然習慣性地稱之為「鼓樓」，「戒碑」則是南京遺存下來的最完好的一座古代石碑。

後來，康熙皇帝曾下令擴建南京鐘鼓樓樓宇，三層總面積約在一萬五千平方公尺；清乾隆年間，乾隆皇帝曾經七次下江南，三次都專程去了大鐘亭，並御書「三姑殿」三個大字匾額，命人懸掛於大鐘亭內的門頭。

晚清維修、改建南京鐘鼓樓，改建的鼓樓中為大殿，周邊有柱礎迴廊。

柱礎，俗稱磉盤，或柱礎石，中國古代建築構件的一種，是承受屋柱壓力的奠基石，凡是木架結構的房屋，可謂柱柱皆有，缺一不可。古人為使落地屋柱不潮濕腐爛，在柱腳上添上一塊石墩，使柱腳與地坪隔離，同時石墩又加強柱基的負重力。

大殿為兩層，屋頂為歇山頂重簷四落水木結構。重簷翹角下雕有鳳立於花叢山石、雙獅戲球等吉祥物和套疊彩繪圖案。

在鼓樓的頂層上，有一座擺放在玻璃罩中的龍鳳塔，是清慈禧太后六十歲大壽時，地方官員所獻壽禮。

「龍鳳塔」又稱「龍鳳亭」，安放在康熙南巡「戒碑」兩邊的一對龍鳳亭，交相輝映，古樸典雅。龍鳳亭高四公尺、圓三點五公尺，外觀呈塔形。龍鳳亭為六角七級二層結構，外鍍金箔，金光熠熠。

鼓樓內的匾額

　　龍鳳亭各級都有極精細雕刻的人物或植物、動物畫，金光閃爍。從下至上有人物，皆為武士出征，三國故事人物等；有葵花、天竹、青松、芭蕉、萬年青等。二層隔離刻有六大騎士，六根亭支架上，鳳上龍下，六龍抱柱，六鳳呈祥；亭上部是飛鶴、荷花蓋頂。整個龍鳳亭，被一幅幅優美圖畫妝點，造型緊湊協調，生動精美，雕刻工藝極為精湛，為世人所稱讚，具有極高的觀賞價值。

　　清光緒年間，在南京鼓樓東北側新建了鐵梁鐵柱的六角大鐘亭，清初墜落的大鐘，被江寧布政使許振褘懸掛在大鐘亭內。傳說，自大鐘懸掛到鐘亭

梁上後，聲音更加洪亮。鐘鼓樓積澱著濃郁的歷史文化，在南京鐘鼓樓內，就有一副久負盛名的對聯：

「鐘鼓樓中，終夜鐘聲撞不斷；

金科場內，今日金榜才題名。」

【閱讀連結】

據史書《洪武京城圖志·樓館》記載：「鼓樓在今北城兵馬司東南，俗名為黃泥崗。鐘樓在鼓樓西。」在《洪武京城圖志·樓館》所附「樓館圖」和「官署圖」中，鐘樓分上下兩層，下層作城闕狀。與鼓樓底設三門洞不同的是，鐘樓底層僅有一個相貫通的門洞，其上為木結構樓閣。

又據史書《明一統志》，稱「鐘樓在府中雲霽街西，鼓樓在雲霽街東」，而《同治上江兩縣誌》稱在「二縣城內圖」中，鐘樓在鼓樓略偏西南。

上述記載中，鐘樓具體位置雖有詳略之別，但位於鼓樓之西卻是一致的說法。

國家圖書館出版品預行編目（CIP）資料

城樓古景：雄偉壯麗的古代城樓 / 邢建華 編著 . -- 第一版 .
-- 臺北市：崧燁文化，2019.12
　　面；　公分
POD 版

ISBN 978-986-516-160-6(平裝)

1. 古城 2. 歷史性建築 3. 中國

681.1　　　　　　　　　　　　　　　　　　108018729

書　　名：城樓古景：雄偉壯麗的古代城樓
作　　者：邢建華 編著
發 行 人：黃振庭
出 版 者：崧燁文化事業有限公司
發 行 者：崧燁文化事業有限公司
E - m a i l：sonbookservice@gmail.com
粉 絲 頁：　　　　　　　　網 址：
地　　址：台北市中正區重慶南路一段六十一號八樓 815 室
8F.-815, No.61, Sec. 1, Chongqing S. Rd., Zhongzheng

Dist., Taipei City 100, Taiwan (R.O.C.)

電　　話：(02)2370-3310 傳　真：(02) 2388-1990
總 經 銷：紅螞蟻圖書有限公司
地　　址: 台北市內湖區舊宗路二段 121 巷 19 號
電　　話:02-2795-3656 傳真 :02-2795-4100　　網址：
印　　刷：京峯彩色印刷有限公司（京峰數位）

定　　價：299 元
發行日期：2019 年 12 月第一版
◎ 本書以 POD 印製發行